VALUE
CO-CREATION

EXPLORATION OF SOCIAL VALUE INVESTMENT IN CHINA

价值共创

中国社会价值投资探索

马蔚华 司 晓 主编

人民出版社

《价值共创中国社会价值投资探索》
编委会

顾 问：

马蔚华　司　晓　杨　健　肖黎明　葛　毈　赵国臣　陈　妍
窦瑞刚　张　越　冯宏声　舒　展　傅剑锋　张博辉　邓国胜
任　颋

编 委：

杜晓宇　白　虹　杨　乐　张钦坤　王爱民　周政华　刘　琼
李　刚　吴绪亮　毛君燕　杨钦焕　刘　力　刘　莎　张艺竞
郑　露　杨　望

主 编：

马蔚华　司晓

执行主编：

陈力源　李　文

撰写成员：

顾欣科　彭绮梅　王　佳　石　靖　周培浩　王肖阳　王彤岸

课题支持团队：

孙　怡　李　孜　单致豪　万　慧　仝玉娟　刘金松　林剑群
陈楚仪　欧阳静森　陈维宣　窦淼磊　王焕超　陈　维　吴朋阳
陆诗雨　王　强　黄　翠　吴怡靖　王天元　柴佳媛

序一

探索资本向善新模式　共筑价值创造新生态

百年变局下再遇世纪疫情，人类可持续发展面临前所未有的挑战。

2015 年，由联合国发起、193 个成员国一致通过的《2030 年可持续发展议程》确立了全球可持续发展的方向，力争用 15 年的时间达成 17 项可持续发展目标。然而，虽然历经多年努力，大部分目标的进展却由于受到多重因素影响呈现逆转的态势。2022 年 7 月，联合国发布的《2022 年可持续发展目标报告》显示，全球过去 25 年的减贫努力遭遇严重挫折，2022 年将有额外 7500 万—9500 万人生活在极端贫困之中；粮食安全遭遇危机，在过去的 2021 年，全世界有多达 8.28 亿人口受到了饥饿。

伴随着上述经济和社会的不利影响，生态环境问题也再次向人类敲响了警钟：气候变化日益显著、极端天气愈发频繁、生物多样性加快恶化、环境污染仍在继续。联合国政府间气候变化专门委员会（IPCC）第六次评估指出，近 50 年来全球变暖止在以过去 2000 年来最快的速度发生。人类共同应对气候变化已刻不容缓。

危机在带来创伤和焦虑的同时，也促进了人类的深刻反思，并为团结行动提供了契机。作为可持续发展的积极支持者和推动者，我国树立了创新、协调、绿色、开放、共享的新发展理念，提出"双碳"、共同富裕等战略目标，大力推动经济发展模式向更加兼顾环境和社会价值的模式转变。中国将在支持联合国 SDGs 的实现中担当重任，并将可持续发展的理念全面深刻融入国家的可持续发展战略当中，由此将展开一场历史性的伟大的变革。

要综合解决经济、社会和环境等方面的复杂问题，需要海量的资金投入和高效的社会协同。研究和实践表明，要实现可持续发展的长效目标，不能仅仅依靠政府的财政支出或传统的慈善捐赠。市场是社会资源的富集地，金融是资源配置的中枢，社会价值投资是其中引导资本力量支持可持续发展的创新方法和路径。通过将资金配置到解决可持续发展领域，并同时调动社会多方主体的协作参与，社会价值投资能充分激活和释放商业的向善潜力。

社会价值投资创新了价值衡量的"天平"，为价值评估设立了新"公式"。社会价值投资打破了传统财务投资中局限于"成本—收益"分析的价值分析模式，开拓了一种以"成本—收益—影响"为内核的综合价值评价逻辑。基于这一逻辑内核，社会价值投资建立了一套能兼顾社会效益和经济效益的投资范式，促进资本不断为解决社会问题的组织提供动能和服务，支持其创造更大的社会价值。

建立本土范式和研发衡量工具是社会价值投资发展关键。国外市场先后出现道德投资、底线投资、责任投资、ESG 投资、影响力投资的探索实践，以及国内市场演进出更适应基本国情和话语体系的社会价值投资。在可持续发展的必然趋势下，市场投资价值锚点重新定位并逐渐形成投资发展新思潮，即坚持社会价值与经济价值同等重要的投融资。但同时，国内尚未形成对社会价值投资的系统研究，投资实践仍然缺乏系统指引。社会价值投资的投资理念、商业模式、评估标准等要素有别于传统投资，这需要一套新的投资指南引导各领域的市场主体进行社会价值投资实践、投入可持续发展事业当中。

社会价值投资在中国的发展前景广阔，需要跨界协同打造新的生态。腾讯作为秉承科技向善宗旨的头部互联网科技公司，盟浪作为可持续金融领域商业与公益性质结合的社创企业，二者发挥各自领域优势，跨界合作完成这本书。本书内容涵盖社会价值投资概念、演进过程、方法工具、评价标准、中国探索、未来展望等方面，提供了更多投资创新可能性参考以及社会价值投资实践工具指南。

达成共识固然重要，马上采取行动才是让社会价值投资"开花结果"的保障。经过数年的行业倡导与思想传播，社会价值投资及相关理念已经逐步得到社会的认可，正迎来广阔的发展前景。而如何让这股共识引领共同行动和形成共享成果，则是亟待各方深度携手共创的核心议题。本书的出版只是一个开始，也期待我们与腾讯以及各方携手一道，从理论到实践、从国际到本土、从政策到市场、从单方到协同等维度，逐步探索出一条符合中国自身发展特点的政、商、学、社、研多方共建的可持续发展之路。

马蔚华

社会价值投资联盟（深圳）主席

盟浪可持续数字科技（深圳）有限责任公司董事长

联合国开发计划署可持续发展目标影响力指导委员会委员

2024 年 9 月 30 日

序二

价值共创：持续推动可持续社会价值创新

2022 年是腾讯成立的第 24 个年头，得益于社会的发展和时代的机遇，腾讯在自身成长、发展的过程中始终在不断思考，如何依靠自身的技术和数字化的能力去履行社会责任，助力社会发展，创造社会价值。

从 2002 年创业初期，为广东清远一所山区小学捐献了十几台电脑；到 2007 年，腾讯公益慈善基金会，作为中国互联网行业第一家在民政部注册的全国性非公募基金会，注册成立；从 2015 年腾讯公益平台每年支持发起中国最大的民间公益节日——99 公益日；到 2019 年 11 月，公司将使命与愿景升级为"用户为本，科技向善"，腾讯天然具有创造社会价值的基因。

如果把企业的利益相关者，如用户、产业和社会等看成由内向外的同心圆，那么努力构筑"善"的同心圆并始终关注"最外圈"——社会的需求（特别是社会边缘人群的需求），将会有效指引我们如何去做。2021 年 4 月，公司宣布第四次战略升级，将"推动可持续社会价值创新"纳入公司核心战略，并成立了"可持续社会价值事业部（SSV）"，全面落实科技向善使命。公司的服务对象从用户（C）发展到产业（B），再到社会（S），最终指向的是为社会创造价值。

"可持续社会价值创新"战略重点在于"创新"。作为科技企业，我们围绕科技创新、产品创新、模式创新三个方面，探索相关领域社会发展议题的解决方案。在这个过程中，如何让社会价值创造得以可持续，即希望项目具备自我"造血"、自我成长的可持续能力。这需要我们在实践中不断摸索新的可行性模式。

以生态和循环思维，共创可持续社会价值。社会领域的议题往往需要长期的投入和关注才能逐步解决。社会价值的持续创造需要以"价值共创"为基础，以共创实现生态合力，同时探索以商业的方法让社会问题的解决更加可持续。

坚持价值共创，需要跨界合作与生态共益。在社会问题解决中，更多元的参与主体将夯实价值链条韧性，吸引社会资本不断进入，为价值创造提供更坚实的保障；同时，合理财务回报及社会效益激励是确保可持续的关键。

依托技术创新，立足产品创新，以模式创新牵引"价值共创"。社会价值投资是坚持价值共创、坚守以人民为中心价值取向、以服务实体经济为根本目标的有力金融探索。作为兼顾社会价值与经济效益的一种投资形式，社会价值投资为应对社会领域的融资困境、创新公共服务供给提供了新的选择。在这个过程中，严控金融风险是永恒的主题。

本书对社会价值投资的概念内容、工具方法、中国探索、案例实践进行了全面研究，为可持续社会价值创造提供了新的方法与思路。报告的研究与撰写得到了腾讯SSV同事持续的支持与建议；盟浪可持续数字科技（深圳）有限责任公司及诸多内外部专家的深度参与为本书的顺利完成提供了坚实的支撑。未来，希望以本书为契机，与社会各界共研、共建、共创，共同推动可持续社会价值创造取得更大的成绩。

司晓

腾讯公司副总裁

腾讯研究院院长

2024 年 9 月 28 日

目　录

前言

探索中国自身的社会价值投资之路

气候变暖、生物多样性丧失、地缘政治与军事冲突导致的贫困人群不断增加等问题与矛盾突出，使全球在推进可持续发展目标上面临着新的巨大挑战。在不确定性日益加剧的现实面前，人们也逐渐意识到要实现经济、社会、环境的可持续发展，需要对目前的发展模式实行真正的变革，需要充分调动社会（私营）资本弥合可持续发展的巨大资金缺口，更要用创新的模式和科学的路径引导商业力量去创造更大的可持续的价值。

2007 年，一些机构提出"影响力投资（Impact Investing）"这一创新投资的概念，倡导资本要追求财务回报和社会环境影响的协同，开启了资本推动全球可持续发展的新征程。2015 年，联合国大会第七十届会议通过了《2030 年可持续发展议程》，在这一全球性发展框架的指导下，各类国际组织、政府、企业、研究机构和社会团体不断探索，将可持续发展议程相关理念与共识转化为现实世界中的治理方针、政策措施、市场制度和商业实践。

中国一直是可持续发展理念的坚定支持者和积极实践者，党的十八大以来，生态文明建设被摆在全局工作的突出位置，党的十八届五中全会首次提出"创新、协调、绿色、开放、共享"的新发展理念。党的十九大报告将可持续发展战略确定为决胜全面建成小康社会的重点战略，赋予了可持续发展战略新的时代内涵，并首次提出建设"富强、民主、文明、和谐、美丽"的"五位一体"社会主义现代化强国目标。党的二十大报告则提出，实现全体人民共同富裕是中国式现代化的本质要求。

"社会价值投资"是推进新发展理念在新时代落地转化与价值创造的抓手。社会价值投资，即指追求可测量的社会价值并兼顾经济回报的一种投资形式，为应对社会领域的融资困境提供了新的选择。社会价值投资与新发展理念具有高度的一致性，有助于促进"五位一体"社会主义现代化强国目标的实现。这体现在社会价值投资的自身特性上，一是社会性优先，兼顾社会价值创造和财务回报的双统一保障了运作可持续；二是主动性凸显，行为的主动性为目标达成提供了动能；三是外加性导向，被投方在接受社会价值投资后产生更大的社会效益的程度；四是变革理论驱动，明确从行动到预期目标的实现路径，在实施过程中与目标受益方保持沟通，不断调整投资与运营策略，保证预期目标最大化达成；五是共创价值释放，社会力量更广泛地参与，共创社会价值投资生态，实现可持续的价值释放。

事实上，社会价值投资诞生的背后，是人们对"价值"这一概念的重新阐释，是对企业等组织存在意义和功能的重新理解，更是对投资活动"价值锚点"的重新定位，其背后的驱动力是解决社会需求，通过社会共创的方法，实现可持续的社会价值创造。

《价值共创——中国社会价值投资探索》一书是由腾讯研究院和盟浪可持续数字科技（深圳）有限责任公司共同组织编写完成的。全书围绕如何在中国开展本土化社会价值投资这一核心目标，从思潮、理念、方法、实践等方面展开系统性探究。

第一章"追本溯源"，我们系统剖析了社会价值投资的概念内涵及作用边界；探讨了国际社会影响力投资工作的机制框架及社会价值投资相关理论模型；分析了全球可持续投资市场规模及参与机构变化趋势。

　　第二章"路径方法"，我们详细拆解了社会价值投资的一体化流程，以"资金投向指引、投资管理评估"两个阶段对社会价值投资实践的一体化流程进行探讨，具体纳入了指引社会价值投资方向的目录文件，以及科学管理评估社会价值投资绩效的工具。

　　第三章"中国实践"，我们从三个维度对中国顶层政策框架进行了剖析，对可持续金融国内外发展情况进行了系统梳理，并提出中国社会价值投资的路径框架；围绕具有中国发展特点的六大议题，探讨企业该如何参与社会价值投资相关实践；聚焦社会价值投资参与主体多元协同，探讨构建中国社会价值投资生态体系。

　　第四章"未来探索"，我们从理念认知、目标方向、参与主体、工具方法、政策激励的维度，对中西方社会价值投资的发展进行比较；从六个方面对落实"双价融合"新思路、探索开展中国社会价值投资的未来方向进行展望。

　　本书作为阶段性研究成果，我们期待与社会各界不断交流，共同推动社会价值投资在中国的探索与发展。

第 一 章

追本溯源：社会价值投资缘起

社会价值投资诞生的背后，是人们对"价值"这一概念的重新阐释，是对企业等组织存在意义和功能的重新理解，更是对投资活动"价值锚点"的重新定位。

——编者

近现代西方工业化和经济全球化发展使人类社会生产力水平和财富积累达到空前的高度，同时深刻改变了人与自然、人与人、人与社会之间的关系。然而，相当长时间里，人们对这些结构性变化带来的负面影响并未足够重视并形成广泛共识，也未采取积极应对措施。20世纪以来，世界各地不断出现生态失衡、资源短缺、贫困饥饿和社会冲突等一系列问题，引起了人们对传统发展模式的深刻反思。

由世界环境与发展委员会1987年提出并于1992年在联合国环境与发展大会上达成共识的"可持续发展"理念①，正是在上述背景下形成的，该理念已成为国际社会共同遵守的重要治理准则。2015年，联合国193个成员国通过了《2030年可持续发展议程》，该议程包含17项可持续发展目标（Sustainable Development Goals, SDGs）、169项子目标和231项指标，旨在以一种综合、协调的方式解决经济、社会和环境三个维度的发展问题。在这一框架指导下，各类国际组织、政府、企业、研究机构和社会团体等开始进一步探索，将可持续发展议程相关理念与共识转化为现实世界中的治理方针、政策措施、市场制度和商业实践。

近年来，气候变化、生物多样性丧失、荒漠化加剧、极端气候事件频发，给人类生存和发展带来严峻挑战，而全球在推进SDGs的整体进展却并不顺利，在2021年和2022年连续两年停滞不前②。2022年6月，

---

① "可持续发展"通常定义为"满足当前需要而又不削弱子孙后代满足其需要之能力的发展"，详见《我们共同的未来》（Our Common Future, 1987）。

② United Nations, "The Sustainable Development Goals Report 2022", 2022.

联合国政府间气候变化专门委员会（IPCC）发布报告指出，最近五十年全球变暖速度为近两千年来前所未有，并预估未来气候变暖的速度将会更快。

在不确定性日益加剧的现实面前，人们逐渐意识到要实现经济社会的可持续发展，需要对目前的经济发展模式进行真正的变革，需要调动社会资本弥合可持续发展的巨大资金缺口，更要有创新的模式和科学的路径引导商业力量去创造更大的社会价值。

一、重置价值锚点的新思潮

长期以来，在西方主流经济学理论中，"价值"通常被定义为经济（财务）回报，在现实中反映为人们愿意为商品和服务支付货币的意愿，企业所扮演的角色则是单维的财富创造者。但随着外部性理论、利益相关方理论、企业社会责任理论等的提出，人们更进一步认识到企业不仅仅是经济利益的创造者，更是社会价值的贡献者。因此，在资本的供给端，资金的投向也不再只关注财务回报，而是综合考量投资的非财务影响因素。包括慈善机构、非政府组织等在内的社会力量则发挥着社会价值创造的作用。这种创造往往是无偿的，以公益慈善捐赠的形式进行，并不涉及财务回报等因素。

在上述思想和社会行为习惯的沿袭下，商业投资和慈善捐赠，长期以来被认为是两个相互独立的领域，直到社会价值投资这一概念的出现才将这种二元分野和对立的局面打破。目前，社会价值投资的定义尚未形成全球统一规范，综合各方面的论述，我们可以将社会价值投资视为一种通过资金等方式支持社会问题解决的手段，在带来正向社会和环境影响的同时，取得一定的财务回报，进一步实现可持续的价值创造。

（一）社会价值投资与传统投资有何不同

放眼全球，"社会价值投资"的概念及应用范围并不统一，但随着研究和实践的不断深入，"社会价值投资"在应用更为广泛的"影响力投资"的理论基础上逐渐形成自有的概念框架体系。

1."社会价值投资"的概念定义

社会价值投资是一种追求可测量的社会价值并兼顾经济回报的投资形式，为应对社会领域的融资困境提供了新的选择。2016 年，中国发展研究基金会发布了《中国社会价值投资报告》，系统阐释了社会价值投资在中国的应用与发展情况。社会价值投资与影响力投资的内涵高度相近，是一种介于商业投资与传统公益慈善两者之间的投资模式。①

"社会价值投资"的概念可从广义与狭义两个层面理解，具体来看，在投资主体、投资对象、投资方式、意愿主动性等维度上具有不同的指向（见表 1-1）。从狭义来看，社会价值投资是私营部门对社会企业的资金投入，而广义上的社会价值投资则涉及多类型投资主体的各类资源支持。

表 1-1　社会价值投资的狭义与广义界定

维度	狭义	广义
投资主体	私营部门为主	包括政府、私营部门、第三部门在内的各类主体
投资对象	社会企业为主	各类创造正向社会和环境价值的组织和项目
投资方式	资金投入为主	包括资金、资源等各类资本的投入

① 汤敏：《社会价值投资与资本市场发展》，《中国金融》2021 年第 22 期。

续表

维度	狭义	广义
意愿主动性	具有主观意愿	
投资财务回报	一定的财务回报，通常低于市场平均水平或预期达到市场平均水平	
社会价值范畴	仅指对社会和环境的正向影响	各类非财务性因素的正向影响
社会价值度量	社会价值的可度量、可跟踪	

资料来源：编者整理。

2. 与"影响力投资"的概念辨析

"影响力投资"和"社会价值投资"在理念层面具有高度相似和重叠之处，但在作用的目标对象和价值实现的优先级顺序上存在区别。事实上，国际上已经对"影响力投资"的概念和要素理解形成较高的趋同（见表 1-2），这也为进一步探讨"社会价值投资"理念及相关应用提供了较为扎实的理论基础。

表 1-2　全球主要机构组织对"影响力投资"的内涵理解

机构	定义
洛克菲勒基金会[①]	一种旨在产生财务回报和社会 / 环境影响的投资
全球影响力投资网络（GIIN）[②]	一种旨在产生积极的、可衡量的社会和环境影响并获得财务回报的投资
世界经济论坛（WEF）[③]	一种有意寻求创造经济回报和积极的社会或环境影响的投资方法

[①] The Rockefeller Foundation, "What is Impact Investing?", https://www.rockpa.org/guide/impact—investing-introduction/.

[②] GIIN, "What You Need to Know about Impact Investing", https://thegiin.org/impact-investing/need-to-know.

[③] WEF, "From Ideas to Practice, Pilots to Strategy: Practical Solutions and Actionable Insights on How to Do Impact Investing", World Economic Forum, 2013.

续表

机构	定义
亚太经合组织（OECD）[1]	一种向解决社会问题的组织提供资金，以期获得可计量的社会和财务回报的投资
欧洲可持续投资发展论坛（EUROSIF）[2]	一种对公司、组织和基金的投资，目的是产生社会和环境影响，同时获得财务回报

资料来源：编者整理。

从概念内涵和外延来看，国内的"社会价值投资"与国外广泛传播的"影响力投资"趋向等同，在大多数情况下不做区分，但从社会价值和经济价值平衡的角度来看，两者略有区别。在影响力投资策略下，投资主体通常在追求财务回报的同时寻求对社会、环境、经济可持续发展的正向影响。在社会价值投资策略下，投资主体天然以追求社会效益为主要使命，以社会价值为指导进行资源配置和投资决策。社会价值投资不仅限于非营利性机构参与，相反，营利性企业可以通过树立"社会价值"的战略导向，以内部特定组织或其他形式投资"社会价值"，而达到市场基准水平的投资回报预期与社会价值投资理念并不矛盾。

3. 其他投资类别与应用对比

21 世纪以来，在联合国等国际组织的推动下，社会责任投资（Socially Responsible Investing, SRI）理念逐渐朝着主流化、规模化和共识化的方向发展。国际机构及相关组织陆续提出负责任投资、ESG 投资、影响力投资等概念并探索应用场景，这些概念在投资实践中各有侧重。

---

[1] OECD, "Social Impact Investment 2019: The Impact Imperative for Sustainable Development", OECD Publishing, 2019.

[2] EUROSIF, "Responsible Investment Strategies", https://www.eurosif.org/responsible-investment-strategies/.

投资概念的应用侧重。在传统商业投资向公益慈善的过渡过程中，发展演化出社会责任投资、ESG 投资、影响力投资、社会价值投资等概念，不同概念在实际投资活动中关注的重点有所不同（见图 1-1）。

图 1-1　商业端到公益端投资类别光谱图

资料来源："Social Impact Investment-Best Practices and Recommendations for the Next Generation"[1]，编者整理。

不同投资概念的提出。2006 年，时任联合国秘书长科菲·安南召集全球十余个国家的大型企业和投资机构，在美国纽交所发布"负责任投资原则"（Principles for Responsible Investment, PRI）[2]。该原则目前已

---

[1] Mackevičiūtė, R., et al., "Social Impact Investment-Best Practices and Recommendations for the Next Generation", Think Tank, European Parliament, 2020.

[2] PRI 制定的六大原则包括：原则 1：将 ESG 问题纳入投资分析和决策过程；原则 2：成为积极的所有者，将 ESG 问题纳入所有权政策和实践；原则 3：寻求被投资实体对 ESG 相关问题进行合理披露；原则 4：推动投资业广泛采纳并贯彻落实负责任投资原则；原则 5：齐心协力提高负责任投资原则的实施效果；原则 6：报告负责任投资原则的实施情况和进展。

得到全球主流养老金、主权财富基金、保险公司和资产管理机构的广泛认可并在实践中得到普遍遵循。2007年，高盛公司提出ESG投资的概念，明确指出应在投资过程中将环境（environmental）、社会（social）和公司治理（governance）因素纳入考量。同年，洛克菲勒基金会在意大利的布拉吉奥中心召开会议，探讨资本如何起到改善环境和社会的作用，并且首次提出影响力投资（impact investing）的概念。之后洛克菲勒基金会成立全球影响力投资网络（Global Impact Investment Network，GIIN），该网络进一步阐述这一概念，即对公司、组织和基金的投资，旨在产生财务回报的同时，产生正向的社会和环境影响。

4. 与传统投资的区别

社会价值投资作为有别于传统投资的一种新的投资模式与方法，表现出自身的显著特征。

（1）社会性优先：社会价值投资优先考量社会价值创造，兼顾财务回报，二者的统一与结合是核心要义。

（2）主动性凸显：社会价值投资强调行为的主动性，并追求正向社会价值的创造。

（3）外加性导向：投资者落实社会价值投资、衡量其业绩表现，以及被投企业在接受社会价值投资后产生更大的社会效益。

（4）变革理论驱动：在社会价值投资开展前，理论上明确从行动到预期目标的实现路径；在实施过程中，与目标受益方保持沟通，不断调整投资与运营策略，从而最大化达成预期目标。

（5）社会效益衡量：社会价值投资需要衡量与评估投资所产生的社会效益。

（6）公私价值共创：社会价值投资需要社会力量更广泛地参与，共创社会价值投资生态，实现可持续的价值释放。

（二）社会价值投资起源

尽管"社会价值投资"的概念在近十余年中才被陆续提及，但在投资活动中，将社会、环境等因素纳入考量的做法在历史实践中已有广泛探索（见图 1-2）。

1758 年，贵格会召开费城年会，达成不参与黑奴贸易相关活动的共识	1920 年，循道宗成立退休基金，规定禁止投资烟酒、武器和赌博等行业	1971 年，全球首只社会责任基金帕克斯世界基金（Pax World Fund）成立	20 世纪 90 年代，多米尼 400 社会责任指数（1990）、道琼斯可持续发展指数（1999）相继发布	2006 年，联合国负责任投资原则（PRI）发布
1760 年，循道宗创始人约翰·卫斯理发表布道，宣扬在商业活动中应秉持的道德观	20 世纪 60—70 年代，欧美国家各类社会和环境运动进入高峰期	1982 年，卡尔弗特投资公司（Calvert Investments）成立首只社会责任基金，禁止投资当时实施种族隔离的南非	2004 年，联合国全球契约（UNGC）发布报告，首次提出 ESG 的概念	2007 年，洛克菲勒基金会首次提出影响力投资的概念

图 1-2　历史社会价值投资相关资本实践探索

资料来源：编者整理。

1. 早期引导资本向善的探索

欧美地区在宗教伦理观念的驱动下，较早就出现道德投资（ethical investing）的理念。成立于 17 世纪的英国贵格会（Quakers）便将其教义中的观念延伸至商业活动中。1758 年，在美国费城召开的贵格会年会上，教徒们形成反对黑奴贸易的集体决议，规定不得从事与贩卖黑奴相关的商业活动，并拒绝购买贩卖黑奴的企业发行的证券。1760年，基督教循道宗（Methodism）创始人约翰·卫斯理发表布道《金钱的使用》（*The Use of Money*），号召教徒在不侵害自己和他人的前提下获取、累积和使用财富。20 世纪 20 年代，英国循道宗成立的退休基金也明确在投资规则中规定，禁止投资烟酒、武器和赌博相关行业的企业。

清末民初，工商企业家在社会经济发展的同时，自身也在不断壮大，尤其是思想意识有了进步与升级，群体认同意识有了较大提升。以商会为代表的民族资本阶级走向联合，商会的产生为资本助力社会进步与发展带来诸多正向影响，包括推动公益事业的发展。

随着近代以来西方国家高速推进工业化、现代化，大量环境和社会问题涌现，引起公众对于经济社会发展方式的反思和批判。20 世纪后半叶，西方社会的民权运动、女权运动、环保运动、血汗工厂运动和反战浪潮等风起云涌，推动了企业社会责任理论的发展和实践，也催生出一批聚焦社会责任投资的基金。

1971 年，全球首只社会责任基金帕克斯世界基金（Pax World Fund）在美国成立。诞生于反越战运动背景下，该基金明确规避投资于战争中通过贩卖军火获利的企业。1982 年，在南非的种族隔离事件引起国际关注的背景下，美国的卡尔弗特投资公司（Calvert Investments）成立首只社会责任基金（Calvert Social Investment Fund），并明确不投资实施种族隔离的南非地区以及与其有关的企业。进入 20 世纪 90 年代，社会责任投资理念被更广泛地运用到被动投资领域，追踪符合 ESG 标准的股票指数接连问世，包括 1990 年发布的多米尼 400 社会责任指数（Domini 400 Social Index），1999 年发布的道琼斯可持续发展指数（Dow Jones Sustainability Index, DJSI）。我国在 2008 年有了第一只社会责任基金——兴业社会责任基金，开启了投资良性循环和助力可持续发展的新探索。

2. 社会价值投资经典实践

20 世纪 70 年代，管理学大师德鲁克指出，政府大而不强的垄断性社会管理模式在解决社会治理及民生重大问题上体现出诸多弊端。德鲁克的理念对之后美国社会治理产生了重要影响，霍华德·W.巴菲特（小巴菲特）的社会价值投资实践即为典型案例。

小巴菲特曾参与奥巴马政府"社会创新和公民参与办公室"筹建工作，负责协调政府、企业和公益组织之间的合作。在接手打理其祖父沃伦·巴菲特的部分财产后，他将价值投资的实践与理念进一步拓展到社会协作领域，并投资国家和跨国层面的特定大型公共项目。在开展社会价值投资的过程中，小巴菲特通过整合调动政府、企业、社会等多维度资源，建立统一有效的机制，平衡各方对于社会发展、经济利益与价值效益的诉求，取得良好的社会效果，同时在社会价值投资参与社会治理、解决社会问题方面发挥了创新示范作用。小巴菲特参与的"数字印度"是一个多方共建的社会价值投资项目，建立了覆盖10亿人的贫困人口数字档案，实现对其的精准追踪与救助。从中长期来看，这个项目通过多方合作改善民生、发展行业、拉动经济，兼顾社会价值的实现与经济利益的回报。

在小巴菲特看来，社会价值投资的重点是社会多方合作关系的建构，将机构的目标与地区、国家，乃至全球的发展目标匹配融合，将项目的被动受益人转变为主动共担风险的"持股人"，摒弃单打独斗思维，最终促使每一份投资产生更大的社会价值。

（三）社会企业：社会目标与商业逻辑何以融合

社会企业的经营理念与社会价值投资的目标追求相匹配。社会企业在经营活动中优先考量社会效益，是社会问题解决和社会价值创造的关键主体，在社会价值投资生态中扮演着重要的推动者角色。同时，社会企业兼顾经济利益但不追求利润最大化，鼓励将获得的利润再投入企业或社会之中，保障其自给自足、可持续地进行社会价值创造。

1. 解决社会问题的重要组织形式

从定义上看，经济合作与发展组织（Organization for Economic Co-operation and Development，OECD）指出，社会企业是为了达成既定的经济和社会目标而不是利润最大化而开展活动的，同时该活动能够为解决社会排斥和失业问题提供创新方案。美国社会企业联盟则提出，社会企业应以商业手段解决环境（environmental）和社会（social）问题。

自20世纪90年代以来，资本主义经济体制下社会矛盾激化，导致弱势群体就业与福利难以为继，并逐步演化成社会问题，亟待社会企业化解问题。社会企业通过商业化手段解决社会问题的运作模式，在弥补市场失灵、政府失灵、提升社会包容性、推动可持续发展等方面可产生正外部性，是一项十分重要的社会创新。社会企业产生的政治背景和经济环境各不相同，与不同经济和社会的联结使其具有较为明显的本土化特点，从而形成不同的组织形态和发展模式。英国政府第三部门办公室（Office of the Third Sector）对于社会企业的描述为兼顾经济利益、社会目标与可持续性，即"拥有基本的社会目标而不是以股东和所有者的利益最大化为动机的企业，所获得的利润都再投入企业或社会之中"。概念表述的差异是由于本地发展的不同需求导致的。相较于欧洲社会企业的公共指向性特点，美国的社会企业更多以商业和市场为导向。

无论何种背景下的何种定义，社会企业解决社会问题、创造社会价值的根本动机没有变，这点在实施的程度上有别于传统商业性企业承担的企业社会责任。

2. 社会企业以承担社会使命为核心目标

社会企业兼具创造社会价值和经济价值的特性。社会企业对于解决社会问题所承担的责任程度更高、范围更广、目标更明确、行为更统一。相较于企业公益或营利性商业企业所承担的社会责任，社会企业提供了一种更主动、更全面、更具可持续性的，兼顾社会问题解决与企业可持续发展的路径，即以商业化手段来解决社会问题并追求社会效益的最大化，在社会价值创造优先的基础上，借助"造血"机制实现自身发展的可持续。回看国外实践，社会企业对促进社会发展与经济繁荣起到诸多正向作用（见表 1-3）。

表 1-3　国外社会企业实践示例

案例	行为	成就	社会价值
孟加拉国格莱珉银行	大规模地为贫苦农户提供小额贷款	无抵押贷款给低收入人群，保持营利和可持续发展，还款率高达 98.89%，起了一场波及全球的"微贷革命"。银行创建者穆罕默德·尤努斯为社会底层经济作出贡献，荣获诺贝尔和平奖	帮扶社会底层农户脱贫致富
印度 Aravind 贫民眼科医院	高效精确服务流程的眼科流水线手术模式	对赤贫人口完全免费提供手术救治，自主生产成本更低的人工角膜等材料，自主生产的廉价医疗用品和药品出口到全球 120 个国家，其中人工晶体在全球占到 9%	每年接待超 270 万名患者，实施近 30 万例手术，大大改善患者的生活
英国政企协同	政府主动与社会企业之间建立良好的互信与合作关系。如，典型的社会企业"社区利益企业"，以社区发展和成员福利为服务目标	新型合作模式结合了公共部门、商业部门和第三部门的优势，双向共建促进社会企业迅猛发展，成为全球社会企业发展的重要风向标和领军者	在社会服务中成功地缓解了就业、贫困等矛盾突出的社会问题，成功地带动和促进了社区发展和本地经济繁荣

续表

案例	行为	成就	社会价值
美国 社会企业创新	西尔斯公司的"时髦城里人"朱利叶斯·罗森沃尔德创设了农场代理，并为其提供资金多年	在20世纪初，美国的真正社会问题是占美国总人口一半的农业者处于贫困、无知、彼此隔绝的境况。农场代理通过提供知识帮助农业者生产更多、更满足市场需求的产品，并通过农业者自身的努力获得更多收益，西尔斯公司被农业者称为"朋友"	农业者的收入和社会地位不断提高

资料来源：编者整理。

二、创造社会价值的新模式

上一小节对社会价值投资的思潮溯源和概念要素等相关内容进行了梳理。本节将重点阐述社会价值投资的生态构成、理论模型，以及其作为一种新的投资模式，如何通过构建多维价值创造的伙伴关系，发挥企业对社会价值创造的放大效应。

（一）社会价值投资生态体系：机制与模式探索

通过整合国际组织及研究机构的主要观点，欧洲学者马克维丘特（Mackevičiūtė）等人（2020）构建了开展社会影响力投资工作的机制框架（见图1-3），这对社会价值投资生态体系的构建具有直接的参考作用[①]。

[①] 社会价值投资和社会影响力投资的重要区别在于对投资所产生的社会价值和经济价值优先级的考量及权重衡量，在投资逻辑及投资参与方主体上则具有较高的一致性。社会影响力投资生态体系的研究为社会价值投资生态的构建提供了可复刻性的引导。

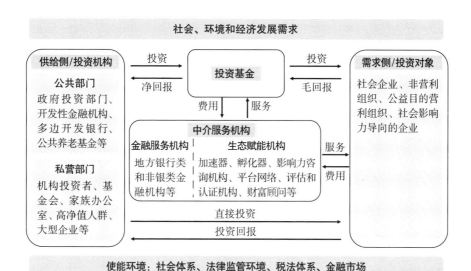

图 1-3　社会影响力投资生态体系示意图

资料来源："Social Impact Investment-Best Practices and Recommendations for the Next Generation"①，编者整理。

　　社会影响力投资背后的驱动力是解决社会需求。在社会影响力投资的生态体系中，投资者（即资本提供者）处于生态体系中的供给端，来自公共部门或私营部门；投资标的（即资本需求方）处于生态体系中的需求端，包括各类对社会价值创造有需求的机构和组织。

　　资本需求方获得资助面临一系列挑战，包括自身的发展潜力、社会使命认可度、发展所处阶段等。作为被视作"无收益高风险"的客户群体，精准匹配投资力投资需求并管理投资交易全流程本身就具有较高的运营成本。在这个过程中，作为投资方，一方面可以主动直接向被投资方提供资本，获得预期投资回报（包括财务和非财务回报）；另一方面投资方可以聚焦社会需求的相关投资基金，开展社会价值投资活动。

①　Mackevičiūtė, R., et al., "Social Impact Investment-Best Practices and Recommendations for the Next Generation", Think Tank, European Pàrliament, 2020.

　　具体来看，社会影响力投资生态主要有四类参与者：投资机构、投资对象、投资基金和中介服务结构。四者分别扮演不同角色，彼此之间相互关联，共同推动社会问题的解决。

　　投资机构（investor）是社会影响力投资活动的资金供给方，主要包括公共部门（政府投资部门、开发性金融机构、多边开发银行、公共养老基金等）和私营部门（机构投资者、基金会、家族办公室、高净值人群、大型企业等）等。

　　投资对象（investee）是各类直接聚焦社会问题解决的组织，包括社会企业、非营利组织、公益目的营利组织等。相较于商业性企业，这些组织具有较强的社会责任驱动力，其天然的组织使命为社会问题的解决提供了扎实的运作基础，是社会影响力投资较为合适的投资对象。

　　投资基金（investment fund）是由专业从业者管理，基于社会价值创造目的进行投资的基金。开展社会影响力投资，除了直接投向需求方，也可通过设立投资基金的形式进行专业化运作。这有助于降低社会影响力投资的门槛和管理成本，扩大资金来源范围，对需求方形成定向稳定的服务与支持。

　　中介服务机构（intermediaries）包括金融服务机构和生态赋能（capacity-building）机构两大类。其中，金融服务机构包括银行类金融机构和非银类金融机构，为社会影响力投资机构提供投资相关的金融业务支持。生态赋能机构则起到对接投融资信息、提供投资专业建议、协助影响力评估和企业/项目认证、构建投资生态网络等作用。

　　此外，生态体系要实现良性、高效、可持续运转，离不开外部使能环境（enabling environment）的综合支持，社会体系、法律监管环境、税法体系和金融市场等关键要素为社会影响力投资的健康发展提供了重要保障。

（二）社会价值投资理论模型：超越风险与收益

社会价值投资与传统投资有着本质上的不同，准确认知社会价值投资，需要审视、构建新的认知框架。在以财务回报为主导的传统投资分析中，收益（return）和风险（risk）是最常用来分析投资标的（或投资组合）的两个维度。考虑到资产收益率往往是非正态的特性，通常加入第三个维度偏度（skewness）来更好地对资产收益率实现拟合。最大化收益、最小化风险、最大化偏度是理性投资者所追求的，意味着对风险调整后收益（risk-adjust return）最大化及极端正收益的追求（同时对极端负收益的规避）。

RRI 三维投资模型。从社会价值投资的角度来看，如果将"现实世界影响"（impact）作为第三维度纳入其中，在风险调整后收益（risk-adjusted return）最大化的基础上，需要实现投资活动对"现实世界影响"的效益最大化。[1]

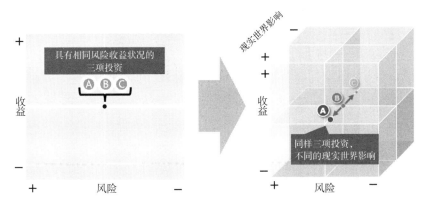

图 1-4　"收益—风险—现实世界影响"（RRI）三维投资模型

资料来源：PRI，编者整理。

基于"收益—风险—现实世界影响"（RRI）三维社会价值投资模

---

① PRI：《SDG 投资理由》，见 https://www.unpri.org/download?ac=10548。

型（以下简称"RRI 三维投资模型"），假设 A、B、C 三项投资风险调整后收益（risk-adjusted return）完全相同，但从最优化第三维度"现实世界影响"的角度来看，A 优于 B，B 优于 C。因此，投资者需要统筹考虑财务和非财务回报，对于特定目标，非财务性回报要处于优先考量。

在 RRI 三维投资模型下，投资组合最优化（至少）受上述三个变量因素的影响。在既定约束条件下，构建最大化收益、最小化风险、最佳现实社会影响力的投资组合可形成一个凸曲面状的有效边界（见图 1-5 中曲面）。

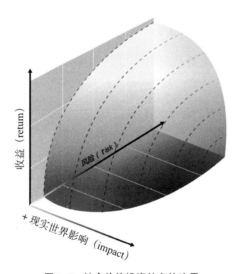

图 1-5 社会价值投资的有效边界

资料来源：Emerson（2012）[1]，编者整理。

综合来看，RRI 三维投资模型为兼顾财务回报与社会效益的投资实践提供了全新的思维视角和考量维度。统筹三个维度的最优化，需要重

---

[1] Emerson, "Risk, Return and Impact: Understanding Diversification and Performance within an Impact Investing Portfolio", *Impact Assets*, No. 2（2012）, pp. 1-15.

点解决第三维度社会影响力最大化的问题，即能否以数字化实现其可度量，从而可以从财务叠加非财务的综合角度对投资组合进行最优化判断，通过设置约束条件实现对财务回报与社会效益的统筹。

RRI 三维投资模型打破了传统商业的价值衡量模式，为企业和更多机构更广泛地参与社会价值创造、开展社会价值的计量与评价提供了理论支持。这需要整个社会价值投资生态体系下各相关方在更高维度达成共识，积极参与，促进伙伴协同，推动理论向实践不断转化。

（三）社会价值投资实践模式：多维的价值探索

企业作为我国经济社会建设的重要主体，如何通过社会价值投资来放大社会价值创造的效应？

社会价值型企业"双重属性"牵引。开展社会价值投资的重要主体之一是社会价值型企业[①]。社会价值型企业可以是商业性企业，但其与传统商业性企业的本质区别在于，它将社会价值创造的使命更深程度地融入企业组织文化和发展战略，它也不完全同质于以社会利益为核心目标的社会企业，但可以通过企业整体战略升级或内部新组织构建等形式不断加强自身社会价值创造的牵引力。社会价值型企业兼具"双重属性"牵引价值创造（见图 1-6）。在商业属性一端，将社会价值创造的理念融入企业发展但并不偏离企业商业价值的运作逻辑；在社会价值属性一端，通过定向组织升级优先关注社会价值创造，并以商业化手段实现运营可持续。两种属性相辅相成、相互促进。

---

① 刘蕾、邵嘉婧：《社会影响力投资综合价值实现机制研究》，《中国科技论坛》2020年第 10 期。编者注："多维价值模型"的构建以社会价值型企业为例展开。

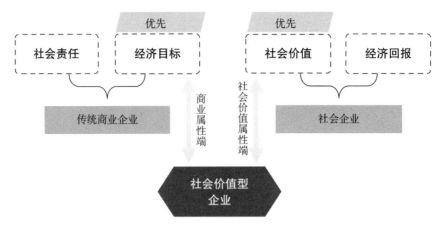

图 1-6 社会价值型企业兼具"双重属性"牵引价值创造

资料来源：编者整理。

"多维价值模型"。社会的不断发展往往伴随着新的社会问题，社会价值型企业和社会价值投资在解决社会问题、促进跨界合作、创造社会价值上具有自身优势，体现在参与主体多维化、社会目标多样化以及资源协同多重化。[1]

社会价值型企业开展社会价值投资的"多维价值模型"如图 1-7 所示。以"一维"模型举例，社会价值型企业可以直接开展社会价值投资，也可通过支持特定领域的社会企业来扩展解决社会问题的能力范围，最终收敛至"双价值底线"[2]，实现社会价值可持续创造。社会价值的影响不仅仅在社会端，社会价值投资可以打破政府、市场、社会分割独立的一维价值实现模式，由一维扩展至多维，对多维主体、多维目标实现协同追求，扩大社

---

[1] "社会价值型企业"的提法在 2016 年王平撰写的《热双创下的冷思考　好机遇中的新价值》一文中被提及。一方面，社会价值型企业和社会价值投资对于跨界创新合作，解决复杂交织的社会难题具有重要推动作用；另一方面，社会价值型企业通过商业手段解决社会问题，社会价值投资将商业投资与公益跨界相融合，为增强社会创新创造提供了更广泛的资金与资源通道。

[2] "双价值底线"是指同时实现社会价值和经济价值，摒弃单一价值创造思维，具体来讲，是以创造社会价值为核心目标，同时实现经济回报支持机构可持续运作。

会问题解决的网络生态，促进形成一体化共建共治共享的社会治理体系。

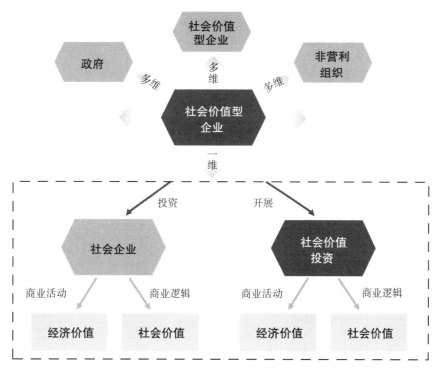

图 1-7　社会价值型企业开展社会价值投资的"多维价值模型"

资料来源：编者整理。

> **扩展阅读**　　数字化转型与社会价值投资

——汤敏

国务院参事

友成企业家乡村发展基金会副理事长

（一）数字经济下的价值创造

从宏观视角来看，数字经济与传统的工业革命有很多不一样的地方，比如发展中国家在数字经济里可能有自身发展的一定优势。

第一，从移动通信的角度来看，数字技术的扩散具有很大的包容性。人均 GDP 高的国家，不一定在数字经济方面更发达；相反，人均 GDP 低的国家，在数字经济方面相对来说并不一定会落后，这与第一、二次工业革命存在差异。第二，新兴国家往往人均 GDP 不高，但对数字技术的热情却更高。这是以移动支付为代表的。相反，人均 GDP 高的国家，因其银行体系、信用卡体系更发达，反而在这方面相对发展得更慢。第三，在数字化时代，强者不一定恒强。对于企业在 IPO 5 年后的退出概率，总体上企业在 IPO 后退出的概率都很高，但是数字领域相关企业退出的概率更大，说明强者不一定恒强，弱者也可以变强。

从宏观角度来看，在数字经济中，后来者可能居上。微信月活用户数达到 10 亿用了约 7 年，TikTok（抖音国际版）用了 3 年，这些数据远远快于国际上其他的社交平台。从中美的零售来看，因为美国发展较早，中国在很多领域不如美国，但在网络零售方面，中国在 2013 年前后实现了对美国的超越并持续领先，这都反映出在数字经济下是可能实现弯道超车的。数字经济给发展中国家带来新机会。

一直以来，美国和西方一些国家在科技上对我们实行"卡脖子"手段，在一些高端芯片出口上实施制约，但是中国在其他方面可以走到前面。从前述的宏观数据可以看出，我们应该加强数字化转型，并思考怎么样通过社会价值投资，用社会价值创造的新模式、新方式来推动转型更好地实现。它有可能让人民的幸福感、获得感更强，同时更好完善投资者体系并促进金融相关领域更好发展。在这些新经济、新模式、新业态里，新事物的涌现会催化包容性经济发展，有可能让中国经济迸发出新活力，让增长更可持续。

数字化转型是可以向不同方向进行的。在转型发展的过程中，它有可能导致贫富差距不断拉大，怎样防止这种现象出现，当这种现象已经出现的时候怎么样能把它慢慢地向共同富裕的方向来推动，社会价值投资的作用就变得格外重要。

（二）社会价值投资的内涵与形态

构建中国特色的金融发展之路，要加强对社会价值投资这一领域的推动。

什么叫社会价值投资？这个定义非常多，一个比较普遍的被接受的定义就是社会价值投资是一种追求可测量的社会价值并兼顾经济回报的投资模式，它并不是一个纯粹的公益性的。

如果从回报的角度对社会价值投资进行分类，以社会影响力为横轴，市场回报/财务回报为纵轴，传统的金融、绿色金融等主要在追求市场化的回报，以财务为优先考量。社会价值投资既可能有市场化的回报，也可能低于市场化的回报。此外，如果以社会价值为优先考量，它在回报方面可能要低于市场平均水平。其他的如公益创投，可能是负回报或没有回报，并且要消耗掉一定的资本，而传统的慈善更是负回报。因此，需要关注投资者的目的是什么，是财务优先还是社会价值优先。

社会价值投资中可测量是最关键的，也是最难的。如果说义利，既以重义，也要重利，但是为什么在财务投资方面已经发展得非常好，在社会价值投资方面发展没那么好呢？因为我们没有很好的社会公认的测量工具。这就造成了每个企业都说自己是社会企业，自己为社会创造了价值，自己提供了就业，自己创造了税收，自己创造了人民需要的产品。这并没有错，但是谁的贡献大一些，谁的贡献少一些，就需要量化。这些要得到很好的测量，得到很好的承认，而且要有很好的理论基础，目前在全世界范围内都在探索中。

目前，我们国家做的比较多的是 ESG 投资，ESG 投资是将环境（environment）、社会（social）、公司治理（governance）三个最重要的因子，通过一整套逻辑严谨、可量化的投资分析，来评估企业运营的可持续性和社会影响，以克服以单一财务指标来决定投资的方式。深交所等正在探索建立中国的 ESG 评价体系并开发 ESG 指数，尽管国际上针对 ESG 有各类标准，但是中国依旧需要根据自身的特点，建立本土化的 ESG 评价体系。ESG 中的环境因素一直是我国非常重视的内容，也是世界范围内高度关注的内容，它相对其他两个因素而言，企业的参与度更好，也更容易被衡量。对于偏向环境侧的 ESG 内容，我们通常也称之为泛 ESG。

2007 年，美国共益实验室（B Lab）的非营利组织提出了"共益企业"（B Corp）这一新的商业形态。2017 年，北京乐平公益基金会成为 B Lab 中国大陆独家合作伙伴，积极推动中国共益企业的发展。共益企业考虑平衡企业使命和商业利润，经由一套科学、严谨的评估体系——共益影响力评估工具，来衡量及测评企业在公司治理、员工、社区、客户、环境五大维度的综合表现。

中国目前已经认证了 40 多家共益企业，其中有一家叫"第一反应"，专攻急救领域，体现了较高的社会价值。但是它的经济价值表现在什么地方？它的投资价值表现在什么地方？事实上，它到各个企业里做不同培训，以商业化运作，所以既实现社会价值，又实现企业价值。目前这类企业的数量在不断增加，有 1000 多家正在申请，都在向着共益企业的标准前进，并且大部分是中小企业。共益企业的发展为社会价值投资提供了新的实践机会和投资标的。

此外，社会价值投资联盟（深圳）一直在推动的"义利99"，通过对三个维度几百个指标进行测量，对上市企业进行社会价值评估后，根据综合排名选出社会价值最高的 99 个企业，再统计它们的经济价值和投资价值。可以发现，这 99 个企业在股市上的平均表现远超过许多市场指数的表现。这说明在中国，社会价值高的企业，长期来看，经济价值或投资价值并不低，甚至更高。这就真正达到了"义利兼顾"。

这个发现很有意义，说明市场对于社会价值高的企业是认可并给予长期回报的。有的企业可能昙花一现，短期内的估值很高，当资本投入后，市值很快就下去了。所以对社会价值进行投资，从投资的角度来看，它是一个长期可持续并追求长期回报的投资模式。

（三）社会价值投资与资本市场改革

社会价值投资应该成为中国资本市场改革的一个方向，为什么呢？社会价值投资与中国的发展理念相契合，与共同富裕的基本理念和中国传统"义利兼顾、以义为先"的价值观念高度契合。资本市场连接丰富的社会资源，发挥社会价值投资在中国资本市场中的关键作用，将引导国家的资源和资金流向社会价值创造的领域，包括环境、社会发展等各个方面，最终将促进社会更和谐，百姓获得感、幸福感更强烈。

社会价值投资是一个正在迅速发展的新领域，更多的投资者已经在深度考察经济回报与社会效益平衡的关系。国内外的投资界正在反思过去仅以财务回报为目标的传统投资策略。从"义利99"和可持续发展100ETF等的实践来看，我国已经存在事实上的社会价值投资，只是没有规范，也缺乏成熟的对社会价值投资资金交换及退出的机制，中国应加强在资本市场上的改革与试验。保险基金、社保基金、共同基金等追求长期回报的机构，更应关注社会价值，关注企业发展的可持续性。长期投资资金的大量进入，对防止中小盘容易出现的过度投机，中小企业板块股市震荡过大的问题都能起到很好的作用。

从长期来看，义和利并不是对立的，社会价值高的企业，同时它的财务回报也可能很高，至少对于普通的投资者，可以在同等的财务回报的情况下去多投社会价值高的企业，通过这种方式推动资本市场相关方面的改革。未来，不仅仅关注大企业，更多的需要关注中小企业，对中小企业社会价值投资如何简化，如何数字化表现，如何进行社会价值的评估等都是我们需要研究与推动的。

三、投向永续未来的新实践

社会价值投资以"资本向善"为导向,在促进全球发展持续向好中扮演着越来越重要的角色。但由于缺乏统一的统计口径,尚无法计算相对完整的市场规模数据。因此,部分国际机构通过多种渠道尝试收集并对相关数据进行测算。本节基于主流国际机构提供的数据进行分析,认为"投向可持续发展"已逐渐成为资本的新选择,并呈现出五大主要趋势。

趋势一:全球可持续投资规模逐年攀升,日渐成为资本市场主流

全球可持续投资联盟(Global Sustainable Investment Alliance, GSIA)2021 年发布的统计数据显示,全球可持续投资在统计周期内展现出强劲增长的发展态势。截至 2020 年初,全球五大市场(欧洲、美国、加拿大、大洋洲和日本)的可持续投资总额达到 35.3 万亿美元,相较于2018 年初的 30.68 万亿美元、2016 年初的 22.84 万亿美元、2014 年初的 18.28 万亿美元分别增长 15.05%、54.56%、93.16%,而同期全球五大市场在管资产总额增速分别为 7.17%、20.10%、39.17%。同时,可

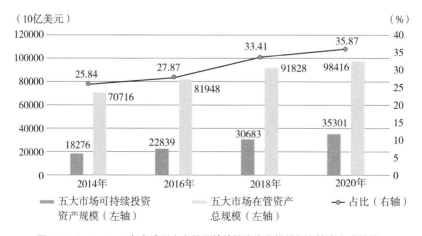

图 1-8 2014—2020 年全球五大市场可持续投资资产规模与在管资产总规模

数据来源:GSIA,编者整理。

持续投资总额占五大市场在管资产总额的比重从 2014 年的 25.84% 提升至 2020 年的 35.87%（见图 1-8）。

从可持续投资在全球五大市场的规模变化来看（见表 1-4①），在 2014—2020 年间，除 2018—2020 年欧洲市场以外，各个主体的投资规模均保持正增长。具体从增长率来看，在 2014—2016 年间，日本市场可持续投资实现爆炸式增长，达到 6671.43%，大洋洲市场紧随其后，达到 248.65%。在 2016—2018 年间，日本市场增速放缓但依旧保持着 359.92% 的增速，排在第二位的加拿大增速达到 56.45%。在 2018—2020 年间，加拿大和美国市场的增速居前两位，在 42% 徘徊。欧洲市场在 2018—2020 年间可持续投资增速骤降，主要原因是欧盟立法《可持续金融信息披露条例》（SFDR）发布，在机构层面和金融产品层面对可持续投资定义的调整使 2020 年数据衡量方法发生了变化，可比性降低。

从全球五大市场的复合年均增长率（CAGR）来看，日本市场可持续投资展现出较高的增长预期，CAGR 达 172.62%。全球可持续投资总规模 CAGR 为 11.64%，显著高于全球在管资产总规模 CAGR 的 5.66%。

表 1-4　2014—2020 年全球五大市场可持续投资增长情况

	2014 年（10 亿美元）	2016 年（10 亿美元）	2018 年（10 亿美元）	2020 年（10 亿美元）	增长率(%)（2014—2016 年）	增长率(%)（2016—2018 年）	增长率(%)（2018—2020 年）	CAGR(%)（2014—2020 年）
欧洲	10775	12040	14075	12017	11.74	16.90	−14.62	1.83
美国	6572	8723	11995	17081	32.73	37.51	42.40	17.26
加拿大	729	1086	1699	2423	48.97	56.45	42.61	22.16
大洋洲	148	516	734	906	248.65	42.25	23.43	35.25

---

① 在 2014 年，全球可持续投资合计 182310 亿美元，数据不包含亚洲其他市场的 450 亿美元。

续表

	2014 年 (10 亿 美元)	2016 年 (10 亿 美元)	2018 年 (10 亿 美元)	2020 年 (10 亿 美元)	增长率(%) (2014— 2016 年)	增长率(%) (2016— 2018 年)	增长率(%) (2018— 2020 年)	CAGR(%) (2014— 2020 年)
日本	7	474	2180	2874	6671.43	359.92	31.83	172.62
合计	18231	22839	30683	35301	25.28	34.34	15.05	11.64

数据来源：GSIA，编者整理。

趋势二：美国市场规模超过欧洲，成为全球第一大可持续投资市场

从可持续投资规模变化来看（见图 1-9），美国、加拿大、大洋洲、日本的可持续投资全球占比均呈现稳中上升的趋势，但欧洲市场在过去 2014—2020 年间可持续投资规模全球占比持续下降。其中，美国市场可持续投资在 2018—2020 年间明显加快，在 2020 年初，全球占比达到 48.39%，超越欧洲成为全球占比最高的市场，而欧洲市场同期下降明显，从 45.87%降至 34.04%，居第二位。日本市场在 2016—2020 年增长迅速，投资规模总量占比于 2018 年超越大洋洲和加拿大居第三位，在 2020 年初达到全球的 8.14%。

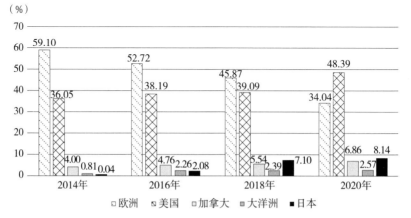

图 1-9 2014—2020 年全球五大市场可持续投资规模同期占比

数据来源：GSIA，编者整理。

趋势三：全球金融机构积极参与行动，推动可持续投资增长爆发

截至 2023 年 3 月末，PRI 签署方数量达到 5380 家，较 2022 年 3 月末增长 9.75%，其中资产所有者签署方达到 681 家，较上一年无增长[①]。截至 2021 年 3 月末，PRI 签署方总资产管理规模（总量 AUM）达到 121.3 万亿美元，较 2020 年 3 月末增长 17.3%[②]（见图 1-10）。

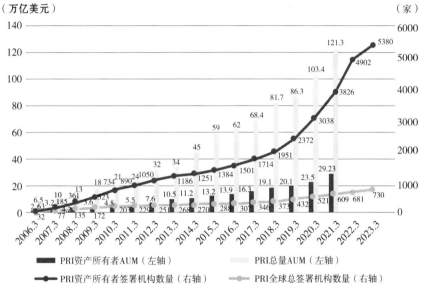

图 1-10　2006—2023 年 PRI 签署机构和资产管理规模变化趋势

数据来源：PRI，编者整理。

值得一提的是，中国内地投资机构开展可持续投资的趋势明显上升，其新增签约机构数量自 2019 年起增长迅速，截至 2023 年 3 月，累积达到 130 家，自 2021 年起，连续多年超过中国香港地区的签约机构

---

① PRI 签署方数量数据每季度更新一次。

② PRI 签署方总量 AUM 数据于每年底更新一次，更新数据以当年 3 月底为最新，例如，2022 年底将发布签署方总量 AUM，但统计口径截至 2022 年 3 月底。为保持数据时间节点的一致性，图 1-10 统一统计至每年的 3 月底。总量 AUM 包括报告的资产管理规模和注册表中提供的在当年 3 月底签署的新签署方的资产管理规模，本书数据更新至 2022 年 3 月。

数（见图 1-11）。

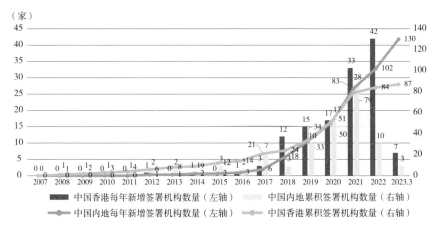

图 1-11　2007—2023 年中国内地和中国香港 PRI 签署机构数量变化趋势

数据来源：PRI，编者整理。

趋势四：个人投资者在可持续投资者中的比重提升

从投资者构成来看，可持续投资机构是全球可持续投资主体的主要组成部分。但随着可持续投资理念的逐步普及，个人投资者占比逐步提升，在 2018 年达到 25% 且 2020 年占比保持不变（见图 1-12）。

图 1-12　2014—2020 年全球五大市场可持续投资个人与机构参与占比情况

数据来源：GSIA①，编者整理。

_____

① 各年度统计口径略有调整。

趋势五：ESG 整合在 2020 年成为全球主流的可持续投资策略

从历史经验来看，负面筛选、ESG 整合、企业参与和股东行动是最常用的策略。2014—2020 年，ESG 整合、可持续主题投资、企业参与和股东行动等可持续投资策略规模一直保持着稳定的增长（见图 1-13）。2020 年，ESG 整合超过负面筛选，投资规模达到 25.2 万亿美元，其 2018 年到 2020 年的增速为 43.6%，明显高于负面筛选的 –24.0%，体现了全球可持续投资资金对于环境、社会、治理等领域日渐关注。随着《巴黎协定》在 2020 年进入实施阶段，这个趋势也会更加明显。

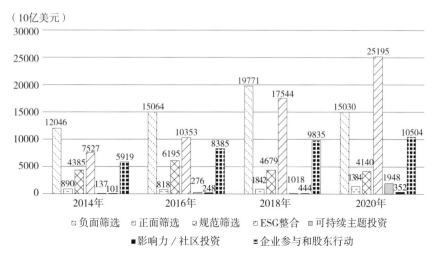

图 1-13　2014—2020 年全球可持续投资各类策略采用规模情况

数据来源：GISA，编者整理。

第 二 章

路径方法：社会价值投资一体化流程视图

到需要创造社会价值的地方做创造社会价值的事，需要明确的方向指引与对社会价值本身清晰的定位。创建目录指引、运用社会价值管理与评估工具，是从"引导资金流向、指导社会价值管理、科学评估社会价值"三个维度对社会价值投资实践的一体化探索。

——编者

　　社会价值投资正广泛地被社会认知和接纳并逐渐趋向主流，其价值内涵与联合国可持续发展目标（SDGs）理念高度一致，产生的商业行为正外部性的社会意义也越发凸显。完善对环境和社会绩效的评估，有助于促进社会价值投资在投资策略优化、商业价值释放、社会效益实现等维度上的融合与应用。但同时，中国的社会价值投资发展尚处于起步阶段，亟须学习和借鉴国际上好的做法。鉴于社会价值投资与影响力投资的内涵趋近（详见第一章），影响力投资中使用的工具也可为社会价值投资的实施提供方法指引。

　　从投资流程的角度来看，社会价值投资和传统投资一样，涉及投前选择与投后管理。不同的是，社会价值投资是以社会价值为核心，投前选择社会价值"洼地"，投后管理投资创造的社会价值。在不同的投资阶段适用不同的工具方法（见表2-1）。

表2-1　影响力投资相关工具分类及内容概要

类别	名称	核心要点
投资目录指引	UNDP《可持续发展投融资支持项目目录（中国）技术报告（2020版）》	以中国为全球首个试点，对可持续发展投融资"如何选择投向领域"、"追求哪些影响力"和"如何衡量影响力"等给予指引
	欧盟《可持续金融分类方案》	促进实现气候变化减缓和适应这两个目标下的相关经济活动，明确具体定义和制定可持续经济活动目录，助力绿色金融的主流化、制度化发展

续表

类别	名称			核心要点
投资目录指引	中国《绿色产业指导目录（2019 年版）》			厘清产业边界，引导资金聚焦在推动绿色发展的产业领域
	中国《绿色债券支持目录（2021 年版）》			剔除煤炭等化石能源清洁利用项目，进一步实现国内国际绿色债券界定标准趋同，引导更多资金支持绿色产业和项目
	IPSF《可持续金融共同分类目录报告——减缓气候变化》			覆盖中欧共同认可的能源等六大领域主要经济活动，增加可持续金融的全球统一适用性和地区标准趋同
影响力管理评估	原则类		PRI《负责任投资原则》	阐明何为"负责任投资"，将环境、社会和公司治理纳入投资决策中，提出明确的负责任投资者行动方案
			IFC《为影响力而投资：发展影响力管理运作原则》	覆盖投资全生命周期的实践方案，补充和完善现有标准、工具和框架的范围，为市场提升信息透明度和运作规范性
			SVI《社会价值原则》	包含利益相关方在内的社会价值核算工具，追求最大化的人类福祉与环境可持续，为组织提供决策框架
	框架与方法类		影响力管理项目（IMP）	为影响力投资提供了五维度评估框架，并对投资行为进行了 ABC 分类，为影响力评估体系提供了基本方法论
			影响力货币乘数评估模型（IMM）	从定性和定量两方面将影响力"货币化"，计算与评估投资绩效
			VBA《影响力评估模型》	在经济、人类与社会、环境三大领域下，货币化衡量企业对不同议题的影响力
			《社会价值投资》五要素管理框架	强调跨部门合作伙伴关系建立的重要性，并予以具体指引
			3ie《过程评估指南》	指导影响力评估人员通过评估项目过程，以实现优化影响力评估的目的，即评估影响力评估

续表

类别		名称	核心要点
影响力管理评估	标准与评价类	UNDP《可持续发展目标影响力标准》	为企业、债券发行人和私募基金管理人"如何落实SDGs"提供具体的指南和标准工具
		共益影响力评估工具（BIA）	五大维度对标ESG投资，协助企业实践可持续经营，为共益企业第三方认证提供依据
		"三A三力"社会价值评价体系	中国自主研发的以价值创造为核心的评估模型和指标体系
	指标类	影响力报告和投资标准指标集（IRIS/IRIS+）	为项目全流程管理建立起社会与环境交叉关联的指标体系，以及逐级传导和细化的量化评估方式

资料来源：编者整理。

一、目录指引：将资金引流至社会价值领域

构建规范的话语体系是发展全球社会价值投资生态的必备条件。在联合国可持续发展目标（SDGs）指引下，各国政府和机构依据本国国情开发了涉及不同领域与范围的可持续投资目录指引，为本国可持续发展投融资生态圈的建立提供指导。2015年，中国发布第一份关于绿色债券界定与分类的文件《绿色债券支持项目目录（2015年版）》，将为绿色债券审批与注册、第三方绿色债券评估、绿色债券评级和相关信息披露提供参考依据。此后，更多新目录指引在此基础上延伸至不同范畴，为推动可持续发展目标、促进绿色产业转型、应对气候变化等发展议题提供指引（见图2-1）。

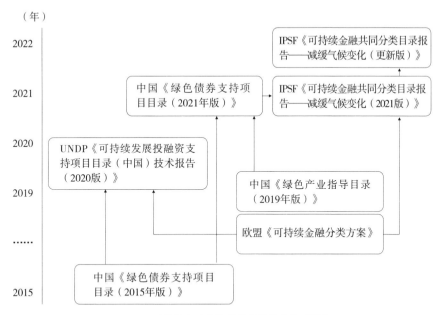

图 2-1 可持续金融支持项目目录演进关系概览

资料来源：公开资料，编者整理。

2019 年，欧盟发布《可持续金融分类方案》，旨在帮助金融市场识别与环境可持续性相关的经济活动和投资机会。我国针对绿色产业的规范分类发布了《绿色产业指导目录（2019 年版）》，推动资本投向明确的绿色可持续发展企业或项目。

2020 年，联合国开发计划署（United Nations Development Programme，UNDP）出台的《可持续发展投融资支持项目目录（中国）技术报告（2020 版）》以《欧盟可持续金融分类方案》的"不显著危害"原则为筛选排除基准，同时依托我国《关于构建绿色金融体系的指导意见》《绿色债券支持项目目录（2015 年版）》等绿色金融发展指导文件，率先将中国列为试点推出行动方案。

2021 年，由中欧牵头发起的可持续金融国际平台（IPSF）在中国《绿色债券支持项目目录》和欧盟《可持续金融分类方案——气候授权法案》的基础上编制了《可持续金融共同分类目录（2021 年版）》，进一步提高目录指引的全球适用性，促进地区标准的趋同，并于2022年进行更新以提升国际可持续金融分类的可比性与兼容性。

（一）UNDP《可持续发展投融资支持项目目录（中国）技术报告（2020版）》

联合国秘书长古特雷斯在2021年可持续发展高级别政治论坛的开幕式上发表演讲《我们正与可持续发展目标渐行渐远》。他在发言中指出，新冠疫情导致极端贫困人口数量在2020年增加1.24亿，全球接近三分之一的人口无法获得充足的食物，饥饿人数在短短一年间激增近3.2亿。

统一标准能够避免纷繁的贴标工具所带来的认证困难、成本增加、效率低下等问题[①]，引导私营资本流入可持续发展领域，实现降本增效的资金引流。UNDP提出采用更全面的方式来定义与SDGs一致的投融资项目，做到以最小的成本实现多个社会价值目标的协同推进，并评估项目对可持续发展的贡献和影响。

基于中国在可持续发展上取得的瞩目成就，同时考虑庞大的市场规模、未来发展前景和全球影响力，UNDP选取中国作为实践样本发布了通用的《可持续发展投融资支持项目目录（中国）技术报告（2020版）》（以下简称《目录》）。

1. 设计原则

《目录》的设计兼顾考量了投融资管理流程和各利益相关方，明确了开展可持续投融资需要遵循的四项原则，包括"多利益相关方参

---

① 王珂礼、徐青：《可持续发展投融资支持项目目录（中国）技术报告（2020版）》，中国金融出版社2020年版，第4页。

与""不让任何一个人掉队""不另起炉灶""动员私营部门投资"（见图
2-2），确保了产业目录的公平性、包容性、可操作性和广泛适用性。

"多利益相关方参与"	在开发全程与利益相关方知识共享和集体磋商，确保《目录》开发的合理性、相关性及质量把控
"不让任何一个人掉队"	提供一个全球公共产品来回应那些无法获得基本服务的群体和部门的需求，确保全球实现可持续发展目标时"不让任何一个人掉队"，同时尽量减少投资对可持续发展目标的意外负面影响
"不另起炉灶"	通过采纳和协调现有的可持续发展投融资和影响力衡量的标准和知识，来提升《目录》的接受度
"动员私营部门投资"	提供具有可投性的项目清单鼓励金融机构的参与，调动私营部门资本

图 2-2　《目录》遵循的四大原则

资料来源：《可持续发展投融资支持项目目录（中国）技术报告（2020 版）》，编者整理。

2. 支持项目

为确保投资项目为目标群体提供服务时符合国家政策与发展战略以及国际社会可持续发展实践要求，《目录》范围的设定参照一系列国际标准，剔除对 SDGs 造成重大损害、政府和国际组织不鼓励参与筹资或合作的领域，确定了基础公共设施、可负担住房、卫生与健康服务、教育科技与文化、粮食安全和金融服务等六大可持续发展投融资主题，形成《目录》支持的行业清单①（见表 2-2）。

----

① 联合国等机构的尽职调查原则、《欧盟可持续金融分类方案》的"不显著危害"原则、
　环境和社会框架、IFC 的绩效标准等。

表2-2 《目录》六大可持续发展投融资主题

可持续发展投融资支持项目					
基础公共设施	可负担住房	卫生与健康服务	教育科技与文化	粮食安全	金融服务
运输	绿色低能耗住房	医疗卫生服务	教育	农产品生产	储蓄和往来账户金融服务
综合管廊	装配式住房	技术创新与健康促进	科技	农产品与食品加工	信贷金融服务
水	房屋材料回收	医疗与卫生相关制造业	文化体育	农产品物流、交易与零售	保险服务
能源	廉价房	医疗卫生相关物流服务业		农业投入与设施	基本金融健康与支持服务
环境卫生		公共卫生治理与服务		农业教育与技能培训	
绿地					
信息通信技术					

资料来源:《可持续发展投融资支持项目目录（中国）技术报告（2020版）》,编者整理。

3. 实现路径

针对多元金融产品的应用场景,《目录》提出具体明确的实现路径。

首先,提供可持续发展投融资产业清单,用于资金识别和投向确定,填补可持续发展投融资活动在筹资与信息披露上的空白。

其次,提出可持续发展的项目类型和商业模式,确保项目与模式兼备可持续发展意义与市场机会（包括使用创新型的金融工具,如混合融资）。

最后,提出项目评估指标,衡量具体的投融资项目对可持续发展目标的贡献。

4. 流程管理

《目录》覆盖项目实施的事前决策、事中实施、事后评价和披露的完整周期，帮助投资者追踪、管理、度量项目的影响力产出，并提出具体操作规范，指导如何将可持续发展目标和影响力维度嵌入项目全过程（见表 2-3）。

表 2-3 《目录》规定的项目生命周期管理流程细节

项目阶段	管理要求
事前决策	明确项目动机与可持续发展目标保持一致
	根据影响力目标选择与本国或当地条件相符合的项目（项目主体）
	投资者和项目主体共同确定最合适的融资方案
	对项目进行环境和社会影响评估（ESIA），尤其需要关注目标群体的参与
	确保项目有适当的风险管理、社区参与、生态保障等
	投资者和项目主体共同确定适当的影响力指标
	确立过程和内部控制标准以确保其影响力数据的收集、储存、使用和信息披露的完整性、可靠性和质量把控
事中管理	以适当方式追踪项目所募集的资金净额或同等金额，确保其用于社会效益项目相关的贷款和投资
	在项目存续期内，定期调整所追踪的净募集资金金额，以匹配该期间内对合格社会效益项目作出的分配
	鼓励高级别的信息透明度管理，建议项目主体聘用审计机构或其他第三方对项目募集资金复核其内部追踪方法和分配情况
事后管理	有效地定期衡量、评估项目对实现可持续发展目标的效果表现

续表

项目阶段	管理要求
事后管理	使用适当的质量把控机制，生成财务和非财务指标的报告，尤其是对可持续发展影响力绩效指标的测量结果和衡量过程的披露
	系统地使用影响力数据，总结事前和事后测量及管理的实践经验

资料来源：《可持续发展投融资支持项目目录（中国）技术报告（2020版）》，编者整理。

5. 效益分析

可持续发展投融资的目标设立同时考虑 SDGs 和中国本土化可持续发展议题，确保资金的正确流向，引导私营资本找到新商机，规避转型风险，并通过提高市值、降低成本、增加收入等方式创造经济效益（见图 2-3）。

提高市值	大多数研究表明，股价表现与良好的可持续性经营正相关。例如，那些受到气候变化利好消息提振并发布气候变化适应利好消息的公司，其股票表现每年都比国际全球指数（MSCI World Index）绝对值高出 0.8 个百分点，比例上超出了 15%
降低运营成本	绝大多数研究表明，良好的 ESG 实践，如通过实施节能环保或改善利益相关方关系的措施，可以带来更好的经营绩效。此外，由于年轻一代更为看重负责任和包容性强的商业实践，秉持可持续发展理念的企业可以提升对年轻就业人员的吸引力，间接降低了人力资源运营成本
增加收入	从消费者偏好角度估算，气候友好型公司的成交量是非友好型公司的两倍。无论是在发达国家还是在新兴经济体，三分之一的消费者会根据企业对环境和社会的影响，选择所购买的品牌产品。据估计，可持续商业信誉更好的企业的商业价值可达到 9660 亿欧元
降低融资成本	200 项研究中有 90% 的结论认为，良好的 ESG 标准降低了资金成本。自 2013 年以来，巴克莱-摩根士丹利资本国际全球绿色债券指数中绿色债券的表现比彭博-巴克莱全球综合指数高出 2.37%，这使得绿色项目的融资成本普遍降低

图 2-3　可持续投融资带来的经济效益

资料来源：《可持续发展投融资支持项目目录（中国）技术报告（2020版）》，编者整理。

可持续发展投融资目录清单能够协助政策制定者、金融机构、企业与行业机构等受众群体在整个项目生命周期内进行事前筛选、事中评估和事后管理，界定投融资活动的具体范围，对于进一步指导中国可持续投融资发展、完善产业利益相关方合作机制、优化投融资管理和评价工具具有促进作用。

（二）欧盟《可持续金融分类方案》

2018 年，欧盟委员会发布《可持续发展融资行动计划》，落实了可持续发展议程，详细阐述了欧盟的十大行动规划，明确建立一个新的欧盟可持续活动分类体系是首要行动。为此，2019 年欧盟发布《可持续金融分类方案》（以下简称《分类方案》）。

《分类方案》的具体内容可概括为以下三点。

第一，为相关经济活动设立了六大环境目标[1]，以及"实质性贡献"与"无重大损害"两大核心原则，要求一项经济活动至少对一个目标带来实质性贡献并对其他五个目标不造成重大损害。

第二，提出实现目标的方法论和具体行动指导，阐述分类方案可能产生的经济影响和未来前进方向。

第三，在欧洲行业标准分类系统的框架内，识别出具有环境可持续性的经济活动，《分类方案》主要列出两份经济活动目录，用于实现气候变化减缓和适应这两大目标[2]（见表 2-4）。

---

[1]　六大环境目标包括气候变化减缓、气候变化适应、海洋与水资源可持续利用和保护、循环经济、污染防控与治理，以及生物多样性。

[2]　钱力华、方琦、鲁政委：《〈欧盟可持续金融分类方案〉精要与启示》，《现代金融导刊》2020 年第 2 期。

表 2-4　欧盟《可持续金融分类方案》经济活动主要类别

实现目标	主要经济活动类别
气候变化减缓	低碳经济活动，包括固碳活动、零碳或近零碳活动 有助于实现 2050 年零排放经济转型但目前尚未接近净零碳排放的活动 能够实现低碳性能或实现大幅减排的活动
气候变化适应	尽可能并尽力减少重大物理性气候风险的经济活动 未对其他气候变化适应工作造成不利影响的经济活动 产生气候变化适应相关成果的经济活动，且其成果可用适当的指标进行定义和衡量

资料来源：欧盟《可持续金融分类方案》，编者整理。

　　《分类方案》以应对气候变化为首要目标，将环境可持续性纳入投资活动与企业非财务信息披露，是政策制定者、行业和投资者识别可持续经济活动和投资机会的有效工具，促进更多公共资金和私人资金流入可持续发展和绿色发展领域。同时，该方案也为欧洲金融领域新监管框架提供制定基准，是对政策制定者和金融监管者有参考价值的工具。该方案有利于欧盟绿色金融规范发展，也可有效防范"洗绿"①事件和风险，推动绿色金融进一步在欧盟甚至全球走向系统化、制度化和主流化。

（三）中国《绿色产业指导目录（2019 年版）》

　　大力发展绿色产业是国家推动生态文明建设的基础手段，但产业细分有待界定，不便于实践操作和判断，为此，2019 年 3 月，国家发展改革委、工信部、生态环境部等 7 部委联合发布《绿色产业指导目录

---

① "洗绿"（greenwash）是美国环保主义者杰伊·威斯特维尔德创造的概念，指的是企业伪装成"环境之友"，试图掩盖对社会和环境的破坏，以此保全和扩大自己的市场或影响力。

（2019 年版）》（以下简称《产业目录》）。

《产业目录》广泛结合国际绿色产业认定规则和各利益相关方的意见建议，切合发展中国家的基本国情，提出绿色发展的重点，从产业角度全面界定了全产业链的绿色标准与范围，突出相关产业先进性，推动产业结构全面绿色转型。

《产业目录》分三级，其中一级包括节能环保产业、清洁生产产业、清洁能源产业、生态环境产业、基础设施绿色升级和绿色服务等六个大类（见表 2-5）。

表 2-5 《绿色产业指导目录（2019 年版）》分级清单

一级分类	二级分类
1. 节能环保产业	1.1 高效节能装备制造 1.2 先进环保装备制造 1.3 资源循环利用装备制造 1.4 新能源汽车和绿色船舶制造 1.5 节能改造 1.6 污染治理 1.7 资源循环利用
2. 清洁生产产业	2.1 产业园区绿色升级 2.2 无毒无害原料替代适用与危险废物治理 2.3 生产过程废气处理处置及资源化综合利用 2.4 生产过程节水和废水处理处置及资源化综合利用 2.5 生产过程废渣处理处置及资源化综合利用
3. 清洁能源产业	3.1 新能源与清洁能源装备制造 3.2 清洁能源设施建设和运营 3.3 传统能源清洁高效利用 3.4 能源系统高效运行
4. 生态环境产业	4.1 生态农业 4.2 生态保护 4.3 生态修复

续表

一级分类	二级分类
5. 基础设施绿色升级	5.1 建筑节能与绿色建筑 5.2 绿色交通 5.3 环境基础设施 5.4 城镇能源基础社会 5.5 海绵城市 5.6 园林绿化
6. 绿色服务	6.1 咨询服务 6.2 项目运营管理 6.3 项目评估审计核查 6.4 监测检测 6.5 技术产品认证和推广

资料来源:《绿色产业指导目录（2019 年版）》，编者整理。

《产业目录》进一步厘清产业边界，是各地方、各部门绿色产业支持政策的制定基础，引导资金流向对推动绿色发展最重要、最关键、最紧迫的产业，有力促进绿色产业的发展壮大。《产业目录》满足了国家重大战略需求，促进生态文明建设；切合基本发展国情，将煤炭产业清洁化生产纳入绿色产业范畴；突出技术赋能转型，推动产业提高供给质量和水平，防止低端化、同质化倾向；全面助力绿色转型，涵盖三大产业和相关领域全产业链环境，推动国民经济各个领域的绿色化升级，推动全产业链发展。

（四）中国《绿色债券支持项目目录（2021 年版）》

为了统一绿色债券的评估认证标准，实现绿色企业、资产和项目的精准融资，中国人民银行、国家发展改革委、证监会于 2021 年联合发布《绿色债券支持项目目录（2021 年版）》(以下简称《绿债目录》)。《绿债目录》与国际标准保持一致性，与国内《产业目录》衔接，划分绿色债券概念边界，有利于我国绿色债券市场的蓬勃发展。

对外与国际接轨，对内统一国内标准，推动绿色债券市场系统化融合发展。《绿债目录》统一了各类绿色债券定义和分类标准，进一步明确了此标准适用的债券类别，覆盖了绿色债券的所有类别，解决了以往的绿色债券在评估认证过程中所面临的各标准支持项目不统一的问题。相较于 2015 年版的《绿债目录》，2021 年版新增了绿色服务、绿色装备制造类项目等内容，有助于扩大绿色债券市场规模，还提供了更丰富的技术细节，给予第三方评估认证机构更为详尽的认证评估指导。

对接《产业目录》，实现对绿色项目的基本无差异认定，便于绿色金融业务的开展。《绿债目录》前三级与《产业目录》保持一致，在支持范围的分类设计上体现了对《产业目录》的延续性，是部门间政策协同的结果。这不仅便于我国绿色项目识别和绿色金融实践，还初步建立了绿色金融业务市场主体的公平竞争环境。相比《产业目录》，《绿债目录》采纳了国际主流的"无重大损害"原则，增加绿色消费、贸易类项目的类别，剔除煤炭等化石能源清洁利用项目，更注重与国际市场的气候债券、可持续发展债券的标准接轨，满足国内外绿色发展要求，引导更多资金支持绿色产业和项目。

国内绿色债券市场规模持续扩大，发行主体与种类不断丰富。《绿债目录》为我国绿色债券发行、投资者资产配置提供重要参考，促进了绿色债券市场发展创新。2021 年，我国共发行 755 只绿色债券，规模总计 8027.6 亿元，较 2019 年同期分别增长了 59.3% 和 46.3%[①]，其中，市场规模居世界第二位。碳中和债券、可持续发展挂钩债券等各类主

---

① 数据来源：Wind。

题的绿色金融债券创新品种不断推出。上海证券交易所、深圳证券交易所、中国银行间市场交易商协会均设立了绿色通道和绿色债券统一标识。在发行主体方面，大中型国有企业是绿色债券发行的"主力军"，民营企业与中小微企业主要受限于绿色债券更严格的标准和更高的信用评级，较少参与绿债发行融资。近年来不断推出的政策正在大力支持民企绿色融资，推动多元主体共同开展绿色转型活动。

（五）IPSF《可持续金融共同分类目录报告——减缓气候变化》

2021年，可持续金融国际平台（International Platform for Sustainable Finance, IPSF）分析了中国《绿债目录》和欧盟《分类方案》的目录编制方法和结果，在此基础上编制了《可持续金融共同分类目录报告——减缓气候变化》（以下简称《共同分类目录》）。

《共同分类目录》统一了国际绿色标准，降低了跨境交易的绿色认证成本，提升了全球适用性和地区标准趋同性[①]。2022年，该目录为提升分类的可比性与兼容性进行更新，增补了17项由中欧专家评估确认的经济活动，进一步推动可持续金融标准全球趋同。

《共同分类目录》的框架基于《所有经济活动的国际标准行业分类》（2006年，修订第四版，简称ISIC Rev.4）建立，覆盖中欧共同认可的能源等六大领域，界定了减缓气候变化的经济活动和绿色项目技术指标。目录的分类具有全球普适性，兼顾发达经济体和发展中经济体的经济生产结构与能力，具备在各生产环节界定绿色属性的灵活性、包容性

---

① 可持续金融国际平台（IPSF）于2019年10月启动，被公认为是分享最佳做法、比较可持续融资方法及工具的关键政策制定者网络。这与G20可持续金融工作组（SFWG）的指示一致，该工作组是IPSF的关键合作伙伴。

和延展性，有利于提升金融精准支持绿色经济活动的效率。

《共同分类目录》为其他经济体编制绿色／可持续金融分类目录提供了参考或基准，具备国际可比性和兼容性，允许国内外相关主体考虑直接采纳《共同分类目录》。自 2021 年 11 月《共同分类目录》第一版发布以来，一些金融机构积极响应，创新实践验证了中国和欧洲绿色金融分类标准相互融合的可能性，具体实践创新项目如下：

第一，2021 年 12 月，中国建设银行澳门分行发行全球首笔符合《共同分类目录》的国际绿色债券——3 年期 5 亿美元 SOFR 浮息绿色债券。

第二，2022 年 2 月，招商银行成功发行《共同分类目录》绿色债券，募集资金 4 亿美元全部用于可再生能源风力发电项目。

第三，2022 年 5 月，兴业银行香港分行发行首笔符合《共同分类目录》的国际绿色债券——3 年期 6.5 亿美元高级无抵押固息债券。

第四，2022 年 6 月，中国银行在更新版的《共同分类目录》框架下发行首笔 5 亿美元绿色债券，募集资金用于中国、德国、荷兰等多个国家的绿色项目；德意志银行集团开启第一笔符合《共同分类目录》更新版标准的贸易融资项目——为华能天成提供 1.87 亿元 3 年期应收账款的贸易融资。

二、管理评估：科学管理评估社会价值投资绩效

影响力投资需要科学衡量和管理投资带来的影响力，研发衡量工具、构建标准化衡量体系，以及引入第三方专业评估机构等方式，从实操层面提供了解决方案。聚焦不同层面的操作性，管理评估工具可分为原则类、框架与方法类、标准与评价类以及指标类。这些工具在事前决

策、事中评估及事后管理投资全流程中发挥了作用，对建构本土化社会价值投资活动的评估体系具有借鉴意义。

（一）原则类

影响力包括正向影响力和负向影响力，影响力投资在放大投资的正向效应的同时，须兼顾最大限度降低负面影响。ESG 投资、影响力投资和社会价值投资对影响力目标的实现要求逐层提高，从避免作恶向惠及社会并提供解决方案迈进（详见第一章）。

1. UN PRI《负责任投资原则》

2006 年，联合国环境规划署金融倡议组织和联合国全球契约组织联合发起联合国负责任投资原则组织（The United Nations-supported Principles for Responsible Investment，UN PRI），旨在推动投资者认识环境（environmental）、社会（social）和治理（governance）（ESG）因素对投资价值的影响，并建立经济高效且可持续的全球金融体系。

UN PRI 提出了负责任投资六项原则（The Six Principles for Responsible Investment，PRI），为投资者在投资决策中纳入 ESG 因素考量，采取负责任投资行动提供指导方案。投资者签署 PRI 将公开承诺在履行受托责任时贯彻执行 PRI 原则并接受监督。PRI 的内涵对加强全球金融体系的可持续性起到推动作用，其理念也受到全球广泛投资者的关注，并吸引众多投资者的支持响应。截至 2023 年 6 月底，PRI 官网披露全球签署方达5372 家，其中包括资产所有者、资产管理者和服务提供商等三类机构。

原则内容

负责任投资六项原则对机构投资者将 ESG 问题纳入在分析决策、投资实践和披露推广等方面提出公开承诺要求，同时提供了一系列在投资过程中融合 ESG 因素的具体行动指引（见表 2-6）。

表 2-6　PRI 行动指引

原则	原则内容	具体行动
原则 1	将 ESG 问题纳入投资分析和决策过程	在投资政策声明中阐明 ESG 相关议题 支持 ESG 相关工具、指标和分析方法的开发 评估内部投资经理在投资决策中整合 ESG 议题的能力 评估外部投资经理在投资决策中整合 ESG 议题的能力 要求投资服务提供商（例如金融分析师、顾问、经纪人、研究公司或评级公司）将 ESG 因素纳入研究分析中 鼓励关于这一主题的学术和其他研究 提倡对投资专业人士进行 ESG 培训
原则 2	成为积极的所有者，并将 ESG 问题纳入所有权政策和实践中	制定并披露与 PRI 原则一致的积极所有权政策 行使投票权或监督投票政策的遵守情况 培养公司参与的能力（直接培养或通过外包服务） 参与政策、法规和标准的制定（如促进和保护股东权利等） 提交符合长期 ESG 考量的股东决议 就 ESG 议题与公司接洽 加入协作公司参与计划 要求投资经理实施并披露与 ESG 相关的公司参与行动
原则 3	推动被投企业恰当披露 ESG 信息	要求标准化披露 ESG 议题（使用全球报告倡议等工具） 要求将 ESG 议题纳入年度财务报告 要求公司提供有关采用或遵守相关规范、标准、行为准则或国际倡议（例如联合国全球契约）的信息 支持促进 ESG 信息披露的股东倡议和股东决议
原则 4	推动投资业广泛采纳并贯彻落实负责任投资原则	在需求建议书（RFP）中包含与原则相关的要求 相应地调整投资任务、监测程序、绩效指标和激励结构（例如确保投资管理过程恰当反映长期时间线） 与投资服务提供商沟通 ESG 预期 重新评估与未能达到 ESG 预期服务提供商的合作关系 支持并开发 ESG 整合对标工具 支持能够实施这些原则的监管或政策制定
原则 5	齐心协力提高负责任投资原则的执行效果	通过网络和信息平台共享工具、汇集资源，并将投资者报告作为学习资源 协同解决新出现的相关问题 制定或支持适当的合作协议

续表

原则	原则内容	具体行动
原则 6	报告负责任投资原则的执行情况和进展	披露投资实践中的 ESG 整合方法 披露积极所有权活动（投票、公司参与和 / 或政策对话） 披露对服务提供商提出的与本原则相关的要求 与受益人沟通 ESG 议题与本原则 使用"遵守或解释"的方式报告与本原则相关的进展和 / 或成就 确定本原则产生的影响 通过信息披露来提升广泛利益相关者群体的认识

应用价值

PRI 指引机构投资者将环境、社会和治理因素纳入投资实践。通过签署并实施这些原则，投资者将为全球金融体系发展的可持续性作出贡献。对社会价值投资者而言，PRI 将 ESG 因素纳入投资尽调与评估、投资政策制定、投后管理、信息披露等环节，对社会价值投资中的价值因子融入完整投资管理链条具有很好的借鉴作用。

2. IFC《为影响力而投资：发展影响力管理运作原则》

在全球投资人寻求正向投资影响力的趋势下，资产管理人着力开发并提供影响力投资产品。为顺应这股影响力投资热潮，世界银行集团国际金融公司（IFC）于 2019 年牵头研究并发布了《为影响力而投资：发展影响力管理运作原则》（*Investing for Impact: Operating Principles for Impact Management*）（以下简称《原则》）。《原则》为影响力投资机构提供了一套操作规则，用于规范影响力投资实践，指导机构建立投资体系和评估影响力绩效。

流程管理

《原则》以"战略意图、缘起与结构、投资组合管理、退出时的影响、独立核证"五项要素定义"端对端"的影响力投资管理流程，共包含九个细分原则（见图 2-4）。

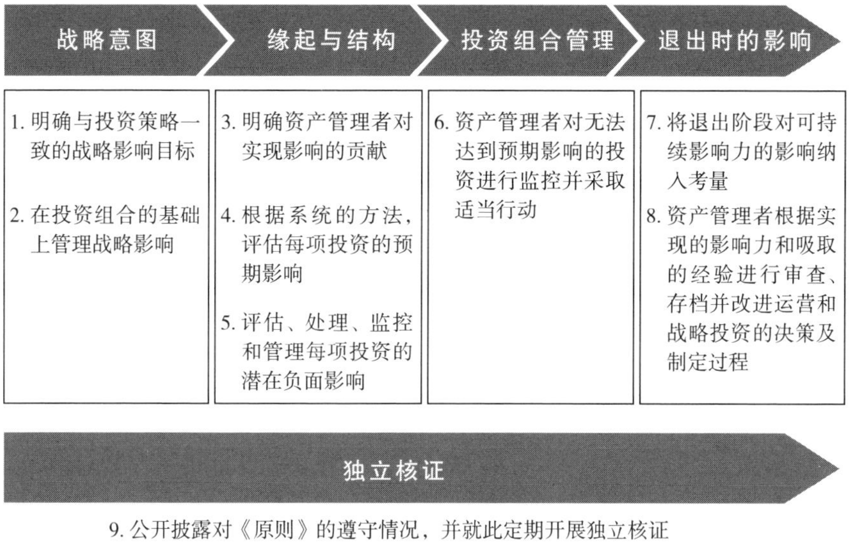

战略意图	缘起与结构	投资组合管理	退出时的影响
1. 明确与投资策略一致的战略影响目标	3. 明确资产管理者对实现影响的贡献	6. 资产管理者对无法达到预期影响的投资进行监控并采取适当行动	7. 将退出阶段对可持续影响力的影响纳入考量
2. 在投资组合的基础上管理战略影响	4. 根据系统的方法，评估每项投资的预期影响		8. 资产管理者根据实现的影响力和吸取的经验进行审查、存档并改进运营和战略投资的决策及制定过程
	5. 评估、处理、监控和管理每项投资的潜在负面影响		

独立核证

9. 公开披露对《原则》的遵守情况，并就此定期开展独立核证

图 2-4 影响力管理运作原则框架

资料来源：国际金融公司：《为影响力而投资：发展影响力管理运作原则》，编者整理。

应用场景

《原则》适用于满足影响力投资定义的任何资产配置，要求对投资项目实现影响力贡献、作出可信的解释或合理的关联，并落实在公司、业务线或基金层面。

第一，为影响力而投资的机构、基金经理和资产所有者，需要通过上述九项原则筛选影响力投资机会，确保其影响力基金以稳健的方式管理。

第二，在一级市场，通过额外的资本注入或投资人与被投企业的直接沟通，来制定资产交易策略。

第三，在二级市场，通过为权益和债券组合设定影响力目标或 ESG 标准，来制定可持续投资策略。

应用价值

《原则》适用于广泛主体和基金类别。它聚焦影响力管理系统和签署主体，覆盖从业务发起到投资退出的全流程，积极促进市场、投资者和签署机构参与影响力投资活动。其应用场景主要体现在以下三个方面。

第一，对市场而言，它提供了影响力管理运作系统的统一标准，规避了机构和基金对"影响力"概念的滥用，提升了市场的透明度和规范性。

第二，对投资者而言，他们可借《原则》用于识别市场中影响力管理健全的投资机构或基金，提高影响力投资质量。

第三，《原则》指导机构设立明确的战略意图、全生命周期的过程管理、完善的外部影响体系、独立审核和信息披露机制。签署机构利用丰富的投资工具、方法、衡量框架和影响力管理体系来落实《原则》，并在实践过程中相互学习。

3. SVI《社会价值原则》

在全球可持续发展进程的推进过程中，贫困、不平等、环境恶化等问题依然存在。找准问题根源是改进提升的核心要义。因此，明确衡量对象、衡量方法和披露方法，有助于评价组织行为的社会价值。2014年，社会投资回报评估网络（SROI network）和社会影响分析师协会联合创建社会价值国际组织（Social Value International，SVI），集结了全球 26 个国家和地区 3000 多名专业人士。SVI 的愿景是创造一个以价值核算原则为运行基准的世界。价值核算原则指导组织的决策、工作方式和资源分配，从而促进人类平等与福祉，遏制环境退化。SVI 制定了社会价值原则（Principles of Social Value），为广泛的社会价值创造者提供基本的行动指引，以促进实现平等、福祉提升与环境可持续的世界。随着社会价值在全球的关注度日益提升，消费者对企业社会责任及可持续性有了更高的要求，研究、运用社会价值原则的组织也逐渐增多。

社会价值原则解决了现有价值概念仅评估经济效益，未充分考虑组织行为对人和环境造成影响的问题。组织运用该原则能更好地识别组织行为所产生的正向与负向影响，在实现目标过程中加强自身责任认知。

原则内容

社会价值原则共有八条。原则 1—5 关于价值核算，即衡量影响力；原则 6 和 7 指导报告价值，即披露影响力；第 8 条原则关于响应数据，采取行动，即影响管理力。八条原则共同组成一个价值核算框架，旨在加强组织行为者的问责，并将利益相关方利益最大化。

具体内容如表 2-7 所示。

表 2-7　社会价值原则

原则	内容	原则内涵
社会价值原则 1	鼓励利益相关者参与	强调通过关注利益相关者的参与来确定衡量目标，以及如何衡量和评估这些价值
社会价值原则 2	理解变化原因	强调需要阐明变化产生的原因，并通过收集的证据来评估这些变化，以此认识积极及消极的变化，以及预期和非预期的变化，同时确保应用者理解所有包括经济、社会和环境层面的变化和影响
社会价值原则 3	重视重要的问题	强调重视利益相关者的重要问题，聚焦回答价值所在的问题，并专注于最重要和有意义的变化
社会价值原则 4	只包括实质性内容	强调需要确定哪些信息和证据必须包含在账户中，可以帮助提供真实和公平的情况，以便利益相关者可以对影响得出合理的结论
社会价值原则 5	避免夸大内容	强调只说明活动负责范围内创造的价值，不要超出可持续和可信赖的范围，不要夸大其词，编造直接或单独产生的社会价值
社会价值原则 6	信息公开透明	强调向利益相关者公开了解方法、数据、分析、假设、判断和结论，对每项决定进行解释和记录。一个透明的过程会使分析结果更加可信
社会价值原则 7	验证结果	强调确保适当的独立性来帮助利益相关者评估负责账户的人所作的决定是否合理
社会价值原则 8	承担责任，有求必应	强调以决策为基础，在适当的会计和报告的支持下，及时地追求最佳的社会价值

应用价值

社会价值原则帮助组织更全面地考虑影响群众和环境的因素，更好地对其工作成果负责，使其认识到利益相关者所创造的积极和消极变化。同时，这些原则提供了一个基于更广泛价值定义的决策框架，以此达到支持平等、福利改善和减缓环境恶化的目标。社会价值原则对社会价值投资者有巨大启示和借鉴意义，这些原则帮助投资者确定如何根据社会和环境影响来评估投资成果。这些原则包括利益相关方参与、价值核算和独立验证等环节，可以帮助投资者更好地评估社会价值和影响。这些原则强调透明度和响应性，鼓励企业关注社会和环境问题，要求企业在社会价值和金融回报之间作出平衡考虑，为投资者提供可信的社会投资选择。

（二）框架与方法类工具

框架与方法类工具是原则类工具的进一步落地，具有清晰的分析维度与操作流程，为社会价值投资实践、社会价值管理与评估提供方法论。

1. 影响力管理项目（IMP）

2016 年，影响力管理项目（Impact Management Project，IMP）由欧洲一批务实的先行者及全球影响力投资指导委员会（GSG）推动形成，旨在推动建立以影响力为导向的投资市场，在衡量和管理影响力方面达成全球共识。"如何衡量与管理影响力"是 IMP 关注的要点，基于此，IMP 开发了五大维度下的影响力衡量框架并衍生出影响力效益分类、投资者影响力矩阵等工具。

"影响力五大维度"（以下简称"五大维度"）衡量框架，即什么影响（what）、对谁影响（who）、多大影响（how much）、什么贡献（contribution）和哪些风险（risk），通过每个维度的细分数据种类进一步明确投资所产生的影响力类别（见图 2-5）。

数据	分析	评估
1 结果类型 结果的重要性	怎样 指向何种结果？ 这种结果对受影响的人和地球环境来说有多重要？	重大负面　中性　重大正面 结果　　结果　　结果
2 一定时期内的影响深度 一定时期内受影响的人数影响持续的时间	多大 一定时期内影响力有多大？	边际效应　　　　深度效应 小规模　　　　　大规模 短期　　　　　　长期 慢　　　　　　　快
3 人口统计数据 环境数据 地理数据	谁 谁会受到影响？ 是否让受影响者的需求得到了满足？	需求得　　　　需求未能 到满足　　　　得到满足
4 "怎样"、"多大"和"谁"跨维度的衡量标准	贡献 管理行为让影响变得更好还是更坏？	坏得多　　　　好得多
5 风险因素 例如，证据风险	风险 有哪些重大风险因素，结果与预期不同的可能性有多大？	低风险　　　　高风险

图 2-5　IMP 影响力五大维度衡量框架及评估模型

资料来源：IMP，编者整理。

ABC 影响力效益分类

五大维度评估框架事先评估和量化投资的预期影响力，根据"预期的发展影响是什么？谁会承受这些发展影响？预期的发展影响会有多大？"等核心问题对企业和投资者行为的影响力效益进行分类：

"A"类投资的影响力效益是"采取行动避免伤害"（act to avoid harm）；

"B"类投资的影响力效益是"造福利益相关方"（benefit stakeholder）；

"C"类投资的影响力效益是"助力解决方案"（contribute to solutions）。

ABC 分类对应的影响力程度层层递进，在保证财务回报的同时考虑利他性，相应的影响力动机和预期效益如图 2-6 所示。

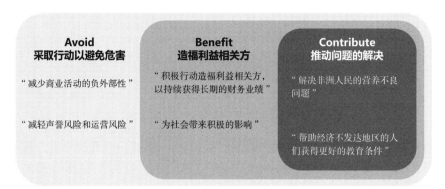

图 2-6　影响力效益 ABC 分类

资料来源：IMP 影响力投资五维度，编者整理。

投资者影响力矩阵

IMP 框架根据影响力效益 ABC 分类和四种投资者贡献形式，形成投资者影响力矩阵，建立起资产所有者和投资产品之间的联系，提高投资产品对资产所有者的可见度（见表 2-8）。

表 2-8　IMP 投资者影响力矩阵

			A 采取行动避免伤害		
				B 造福利益相关者	
					C 助力解决方案
投资者的贡献	明确传递对社会影响力的重视 + 积极参与 + 发展新的／供应不足的资本市场 + 提供灵活的资金	1	使用道德的方式筛选出的债券基金	使用积极方式筛选的／一流的 ESG 基金	向需求未能得到满足的人群或可再生能源项目提供疫苗的主权债券（二级市场）
	明确传递对社会影响力的重视 + 积极参与 + 发展新的／供应不足的资本市场 + 提供灵活的资金	2	股东维权基金	使用积极筛选的／一流的 ESG 基金，利用股东的深度参与提高绩效	对在教育或者医疗资源方面需求未能得到满足的人群产生重大影响的企业、公共或私募基金

续表

投资者的贡献			A 采取行动避免伤害	B 造福利益相关者	C 助力解决方案
投资者的贡献	明确传递对社会影响力的重视 ＋积极参与 ＋发展新的／供应不足的资本市场 ＋提供灵活的资金	3	在前沿市场使用负面筛选的房地产基金	在前沿市场使用积极筛选的基础设施基金	对环境可持续性、清洁水和卫生资源可得性产生重大影响力的企业初次公开发行的债券基金
	明确传递对社会影响力的重视 ＋积极参与 ＋发展新的／供应不足的资本市场 ＋提供灵活的资金	4	投资原型尚未确定	在前沿市场锚定投资于积极筛选的私募股权基金	私募股权基金锚定投资于对低收入人群的就业和收入产生重大影响力的企业
	明确传递对社会影响力的重视 ＋积极参与 ＋发展新的／供应不足的资本市场 ＋提供灵活的资金	5	投资原型尚未确定	投资原型尚未确定	对低收入人群就业产生重大影响力、低于市价的慈善债券或无担保债务基金
	明确传递对社会影响力的重视 ＋积极参与 ＋发展新的／供应不足的资本市场 ＋提供灵活的资金	6	投资原型尚未确定	投资原型尚未确定	对低收入人群能源可获得性产生重大影响力的风险投资基金，提高该领域内的助力投资和积极认购

资料来源：IMP，编者整理。

应用价值

　　IMP 定义了影响力投资的五大维度、影响力效益的 ABC 分类，协助投资者快速锚定投资定位和选择符合预期的影响力投资产品。投资影响力矩阵有效匹配投资者与投资产品，刺激灵活资本的流动；指标分析明确描述了新投资产品的影响力目标和已有投资组合的社会影响力绩效。

　　IMP 结构化网络聚集了具有权威影响力投资平台和知名机构，通过专业指导与信息共享，实现相对统一标准的影响力衡量、管理和信息披露，满足投资过程中的影响力衡量比较基准、流程管理和绩效参照等现实需求。不少投资机构已在实践中将 SDGs 和"五大维度"管理框架相结合，例如 UNDP 已将 ABC 分类法纳入"SDGs 影响力标准体系"，并作为评判真正推动可持续发展投资行为的基准。

2. 影响力货币乘数评估模型（IMM）

创建通用的影响力语言体系与衡量标准是影响力投资市场发展的现实需求。对此，Y 研究院（Y Analytics）提出以货币化衡量影响力投资回报作为通用语言，开发出影响力货币乘数评估模型（Impact Multiple of Money, IMM），为投资者提供决策参考[1]。评估模型将影响力投资纳入成本核算，对比不同行业和地区的投资绩效，引导资金投向正向影响力所指向的地方，实现价值闭环。

计算原理

IMM 对项目影响力的评估综合考量了项目本身、实施过程，以及资金退出后影响力持续周期等因素，较为完整地估量了项目全生命周期的影响力绩效[2]。计算项目的总影响力（I）包含了多方影响力绩效的加乘、转换和贴现折扣，具体计算分为以下五个步骤。

第一，项目的初始影响力绩效是单个人获益的价值（深度 τ）与获益人数规模（广度 n）的乘积。

第二，依据不同领域的专家经验进行锚定研究（Anchor Study），将

---

① Y 研究院（Y Analytics）前身是国际私募股权投资机构巨头德太资本（TPG Capital）旗下睿思基金的一部分，2019 年成为一家独立公司，开发了一系列工具辅助投资者进行环境和社会影响力决策。

② 评估涉及定性和定量分析，有一定的主观成分。不同研究者由于主观价值判断、研究偏好差异、假设偏差、过度简化等差异，对同一研究对象的结论存在差异。

初始影响力绩效转换为经济价值（该结果的货币化价值 v）。

第三，在实践中，锚定研究计算的经济价值和最终结果之间不是完全对应的，实施期间存在各种风险因素，导致受益群体不能百分百获得项目的积极效果。因此，项目有效性存在一定的折扣（影响力风险调整因子 a）。

第四，项目释放的影响力周期长短差异很大，评估的项目持续影响力从预期资金退出起，计算未来五年项目影响力维持的可能性。维持的可能性高则影响力的贴现率低（影响力终值的贴现率 d），反之则贴现率高。

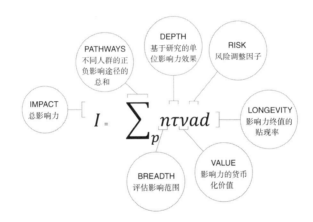

$$I = \sum_p n\tau vad$$

图 2-7　影响力货币化变形公式

资料来源：IFC[1]，编者整理。

第五，上述四个步骤计算了单一途径的影响力绩效。由于一个项目的影响力是跨领域的，最后将项目所有途径产生的正负影响力绩效进行加总。

计算公式如图 2-7 所示。

实践步骤

在影响力评估的具体应用中，Y Analytics 构建了 IMM 模型量化的

① IFC, "Creating Impact: The Promise of Impact Investment. International", 2019.

具体实施步骤（见图 2-8）。

图 2-8　IMM 模型量化的五个步骤

资料来源：IMM，编者整理。

（1）评估相关性和规模。首先评估被投项目的相关程度和潜在规模[①]。

（2）预测社会与环境绩效。利用大量的社会科学研究来预测期望的社会或环境绩效、估计投资标的的影响潜力。

（3）将绩效转换为经济价值。确定了期望的社会或环境绩效后，投资者需要通过锚定研究将预期成果转换为经济效益。

（4）风险调整。锚定研究和最终的结果存在不一致性，因此样本不能完全代表整体、环境差异等各类误差，投资者需要对既得的社会价值进行一定的风险调整。

（5）估算终值。以反映研究的质量和相关性。

（6）计算 IMM。考虑对被投公司的部分所有权，计算每 1 美元投入能够获取的社会价值。

聚焦重点

IMM 的重点计算工作主要聚焦于投前尽职调查阶段，包括定性和定量两方面。通过判断潜在影响力、设计影响力度量计划，为整个投资生命周期的持续监测奠定基础（见表 2-9）。借助货币化的方法，考量投资所带来的综合价值收益，这对于投资者直观认知影响力具有重要意义，有助于促进更多私人资本流向社会发展所需的领域。

---

① 相关程度是指被投资对象提供的服务和产品带来的影响与投资者所在行业的相关性。潜在规模分别包含：（1）广度，指被投项目覆盖到的人数；（2）深度，指被投项目对受众群体的影响程度。

表 2-9　IMM 模型量化框架的实践概览

步骤	说明
筛选	对潜在的投资项目进行定性的影响力评估，经过反复验证和估算，过滤掉低于 IMM 影响力投资回报曲线的项目
尽职调查	与外部顾问开展合作，根据特定投资数据完成 IMM 影响力评估
影响力决策	设定影响力投资回报 IMM 曲线的最低线，评估潜在投资机会
所有权	IMM 框架为每项投资确定了与关键业务产出相一致的关键绩效指标；投资团队持续监测影响力绩效，与公司管理层共同处理低于预期结果的项目
退出	相对初始投资的预期，计算和评估退出阶段的实际 IMM 终值

资料来源：IFC，编者整理。

应用价值

IMM 以货币化的方式量化影响力绩效，这种评估方式应用价值体现在以下两个方面。

第一，化抽象为具体，丰富投资决策信息参考。将看不见的影响力绩效转化为具体的数值，直观呈现项目的社会价值，有利于提升信息传递效率，为投资者比较不同项目、机构之间的影响力提供参考。

第二，结合财务回报数值，同步纳入资产定价模型。金融市场主流理论将财务回报作为风险因子的一种定价，即投资者愿意承受的市场风险越高，市场应予以更高的财务回报。与之类似的，货币化的影响力回报可以遵循同样的逻辑，纳入"财务—影响力"双目标的资产定价模型中。

3.《社会价值投资》五要素管理框架

建立更好的世界需要时间，短期方法不能作为社会价值投资议题的解决方案，用共享成功来衡量的长期战略与管理机制，是 SDGs 进程取得实质性进步的关键。小巴菲特作为全球影响力投资的创始者，基于多年基金会的管理运营经验和充分的数据研究分析，于 2018 年在《社会价值投资》一书中构建出以流程、团队、地点、投资组合和效益五大要素为基础的社会价值投资框架（见图 2-9）①。

图 2-9　霍华德·W. 巴菲特社会价值五要素管理框架关系图

资料来源：《社会价值投资》，编者整理。

应用价值

五要素管理框架致力于推动跨部门合作伙伴关系，促进大规模公共利益的实现。关于社会自我管理的传统观点正在发生变化，政府无法单独处理现代社会中日益增长的所有社会责任和事务支出，需要集合政府、企业和慈善部门等多方力量，建立完备且包容的合作伙伴关系，并通过对长期解决方案的设计及大量资金的有效利用，促进基于社区主导的项目的发展，最终实现公共利益最大化。不断的创新、长期的包容成长以及为利益相关方创造价值，是落实"流程、团队、地点、投资组合和效益"五大要素的先决条件。

---

① Eimicke, W. B. & Buffett, H. W., *Social Value Investing: A Management Framework for Effective Partnerships*, Tantor Media, 2018.

框架结构

社会价值投资五要素管理框架具体包括以下五个方面。

第一，流程设计与投资规划。在流程设计阶段，合作伙伴依靠跨部门的机构，通过分析价值链开发并制定合适的量化指标，制定具有可持续性的整合解决方案，通过连接各个运营模块建立起与社会价值投资目标相关的流程框架。

第二，领导力确定与团队搭建。构建领导力图谱并寻找合适的领导者，协调与规划合作伙伴资源，建立人力资本多样化的团队，以协作的、持续的分权（下放权力）方式共事，积极促进团队联合行动。

第三，地点策略与合作生态构建。伙伴关系基于地点框架策略的设计，授权参与者使之成为项目产出的共同所有人，强调设计、运营以及为实现伙伴关系而努力的重要性。以阿富汗赫拉特农业项目为例，该项目设计从地点范畴出发，基于不同的辐射范围建立不同时间周期的合作伙伴关系，短期解决扶贫就业问题，长期促进该地区自我造血能力发展（见图 2-10）。

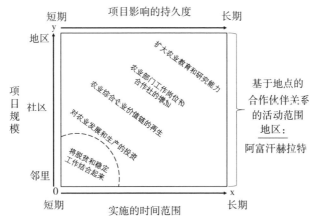

图 2-10　阿富汗赫拉特农业项目"地点"关系合作示意图

资料来源：《社会价值投资》，编者整理。

　　第四，投资组合扩展资金渠道。不同部门的合作伙伴将资源共同放置在一个投资组合中，在传统投资模型的基础上，将影响力和社会价值纳入投资回报的计算当中，并按照财务回报占比进行分配，构建多渠道、多方式的混合投资模式①（见图 2-11）。

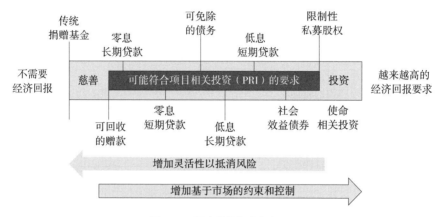

图 2-11　混合投资组合框架图

资料来源：《社会价值投资》，编者整理。

　　第五，效益框架预测社会价值。影响回报率是效益框架为投资创造社会价值建立的一种标准衡量方法。评估者通过输入关键变量和一个可量化的社会影响目标，预测并持续评估每 1 美元支出的社会影响回报率，其逻辑与财务分析中计算时间价值的净现值类似②。计算公式如下：

$$影响回报率 = \frac{未来影响}{[(1-影响乘数) \times (影响效率)] \times 时间周期}$$

① 此处 PRI 仅特指项目相关投资（Program-related Investment，PRI）。

② Eimicke, W. B. & Buffett, H. W., *Social Value Investing: A Management Framework for Effective Partnerships*, Tantor Media, 2018.

4. 3ie《过程评估指南》

影响力评估国际动议组织（International Initiative for Impact Evaluation, 3ie）成立于2008年，致力于通过使用工具支持对事件主体、时间、原因及影响程度的分析，来改善发展中国家的人民生活水平。3ie已在全球50多个国家和地区，资助300多个项目（其中包括243项影响评估、38项系统综述和23项其他研究），资助额达1亿美元，主要资助方包括盖茨基金会、休利特基金会和英国国际发展部。

3ie是影响力评估和研究协同工作以促进循证行动的先驱。为了优化实验设计与实施，进而提升影响力评估效果，2022年4月，3ie发布《过程评估指南》（Incorporating Process Evaluation into Impact Evaluation: What, Why and How）（以下简称《指南》），为影响力评估者提供过程评估指引，包括如何探索过程评估中的相关因素，以及将相关因素纳入实验或准实验设计的方法。《指南》详细说明了过程评价实践的基础、内容、主要利益相关者、生效方式及机制、实操工具等。过程评估能检验影响力评估方案的设计是否合理，方案是否恰当实施，以及验证创造影响力的决定因素和影响机制。

评估框架

评估框架包含方案设计、方案实施、组织结构与流程，以及外部环境因素等四个维度。前三个维度（设计/实施/组织结构）受到外部环境（经济、政治、组织、法律、社会文化等）的影响。四个维度的综合评价能够识别方案对谁、何时、何地、如何以及为何有效/无效（见图2-12）。

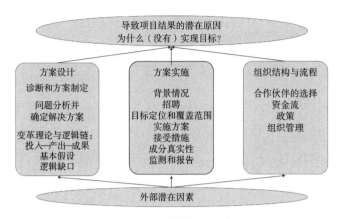

图 2-12　过程评价因果链

资料来源：3ie，编者整理。

影响发展的外部因素包括但不限于地方区域因素，以及更广泛的经济、政治、文化和环境背景。图 2-13 展示了一个包含外部因素的简单结果链，过程评估有必要对这些因素进行系统分析。

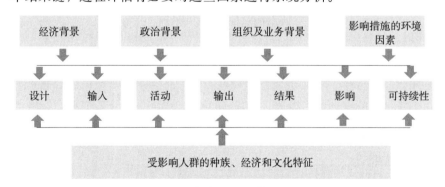

图 2-13　包含外部因素的简单结果链

资料来源：3ie，编者整理。

评估步骤

虽然《过程评估指南》的目的在于帮助评估者在评估中关注重要的相关元素，而非提供万能的操作指南，但其依然给出过程评估的逐步指导，覆盖评估准备、评估设计、评估执行、评估结果使用，以及评估复盘等全流程工作细项（见图 2-14）。

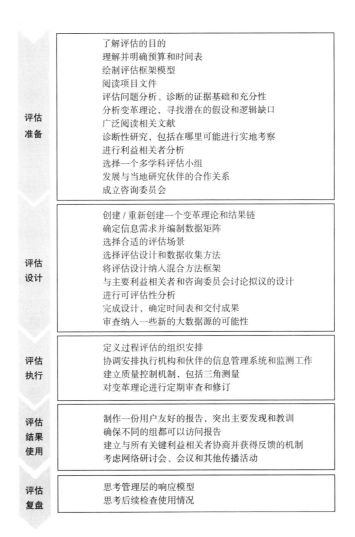

图 2-14 过程评估流程

资料来源：3ie，编者整理。

过程评估和影响力评估既相互关联但又相互区分。两者都涉及项目评估，但关注的重点和目标不同。过程评估的重点是项目实施与方案改进；影响力评估的重点是项目结果，即项目实施是否达到了预期效果。将过程评估纳入影响力评估，可以同时评估项目的实施和效果，获得更全面的评估反馈（见图 2-15）。

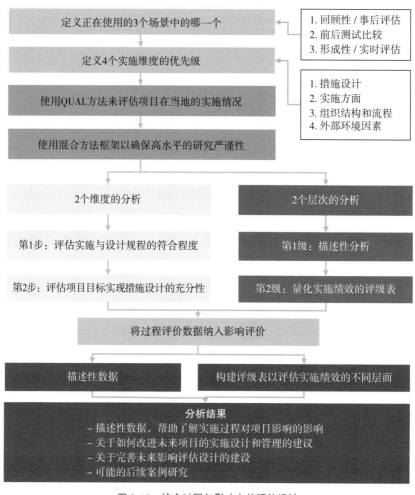

图2-15 综合过程与影响力的评估设计

资料来源：3ie，编者整理。

应用价值

3ie 的《过程评估指南》为有效评估项目提供了一个框架，社会价值投资可借鉴评估框架的设计，追踪评估项目的实施过程，根据数据反馈分析方案中的影响因素并优化实施方案和资源配置方式，提升资源配置效率。需注意的是，为充分了解评估对象的背景特殊性与实施效果，需要充分收集数据，因此过程评估时间与人力成本要求高。过程评估大量运用定性研究方法，如开放性访谈、社交网络分析、社区会议等方式，在评估实施前须作好充分规划。

5. VBA《影响力评估模型》

企业经营活动中包含双重价值：一是企业活动对环境和社会的积极和消极影响，即社会价值；二是这些影响如何影响公司（长期）财务绩效，即商业价值。两者之间存在紧密的内在联系，即广泛认知的"双重实质性"。因此，引导企业主动承担责任的同时获得经济收益，是促进人类可持续发展的解决之道。

对双重价值的衡量是促使企业决策者作出"义利兼顾"经营决策的基础。带着"衡量企业活动双重价值"的愿景，2019 年 6 月，价值平衡联盟（Value Balancing Alliance, VBA）成立。VBA 是一家由 OECD、牛津大学、哈佛商学院，以及四大专业服务网络——德勤、安永、毕马威和普华永道等机构支持成立的非营利组织，致力于创建全球影响力衡量和估值标准，改变公司绩效的衡量和评估方式，以货币化的形式披露企业活动造成的正向效应和负面影响。VBA 在世界银行、OECD、资本联盟、WBCSD、IMP、GRI、SASB 和 IIRC（国际综合报告委员会）等顶尖大学和知名组织的工作基础上[①]，将环境和社会影响转化为可比较的财务数据，用货币指标评估商业模式的影响，并以审慎验证评估方法的可行性、稳健性和相关性。

评估对象

VBA 将可持续领域分为经济、人类与社会、环境三大维度，并在各维度下提出更具体的指标（见表 2-10）。

---

① Value Balancing Alliance, "Methodology", Impact Statement General Paper, Version 0.1, 2021.

表 2-10 VBA 影响评估范围

经济	总增加值（GDP 贡献）：税收、工资、利润等
人类与社会	职业健康安全
	培训
	童工
	强制劳动
	最低工资
环境	GHG/ 气候变化
	气体排放
	耗水量
	水污染
	土地使用（生物多样性）
	废弃物

资料来源：VBA，编者整理。

评估方法

评估影响力有两种方式：一是评估受到商业活动影响的因素，二是评估商业活动造成的影响。VBA 采取第二种方式评估企业商业活动影响力[①]。VBA 在环境和社会维度的评估逻辑大体相同，根据议题属性调整评估指标。

以环境为例，商业活动造成的影响即商业活动中自然资源的使用量或排放量，如温室气体排放量、耗水量等。具体评估分为以下三个步骤。

首先，量化商业活动造成的影响，如以千克、升或公顷等物理单位表示环境排放或资源使用。这些影响可以根据原始数据、行业报告和政府统计数据等推断分析获得。

---

① 具体可参见 Value Balancing Alliance, "Methodology", Impact Statement Focus: Environment, Version 0.1, 2021; Value Balancing Alliance, "Impact Statement", Topic-Specific Method Paper: Social and Economic, 2022。

其次，了解这些影响如何导致环境或社会发生变化，进而影响人类福祉。

最后，货币化评估这些变化对人类福祉产生的影响，如运用实验设计、侧面指标分析、成本核算等方式计算这些变化造成的金钱支出。

总体经济价值（Total Economic Value, TEV）框架[1]解释了人类从环境商品和服务中获得的不同类别的价值。具体到森林这一自然产品的价值评估中，森林的总体经济价值可分为使用价值和非使用价值，并拆分出更精细的功能价值（见图 2-16）。

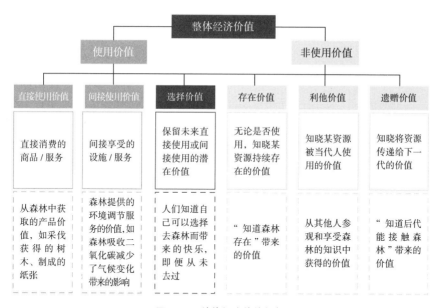

图 2-16　总体经济价值框架

资料来源：VBA，编者整理。

VBA 提出，根据评估领域的不同，在选择具体的货币化方法时，

---

① The Economics of Ecosystems & Biodiversity, "Mainstreaming the Economics of Nature – A Synthesis of the Approach, Conclusion and Recommendations of TEEB", 2010.

需要考虑该领域现有研究中整体经济价值理论的广度、可用数据的质量，以及影响的相对重要性。

应用价值

VBA 重视跨领域跨部门的合作，集结了全球众多权威机构的智慧，以科学严谨的方法化抽象影响力为具体，在循证科学的基础上建立起一套基于货币指标衡量的影响力评估方法，实现项目间、企业间抽象影响力的可比性，为决策者判别商业活动的双重实质性提供参考依据，建立起利益相关方之间的简明沟通机制。其研究合作模式与评估分析方法对社会价值的量化评估起到很好的借鉴作用。

（三）标准与评价类

标准与评价类工具是框架与方法类工具的细化，具有明确的评价指标，为被评估对象提供明确的提升方向，并有助于社会价值投资机构结合自身关切建构评估体系，提升社会价值投资绩效。

1. UNDP《可持续发展目标影响力标准》

为促进全球合作实现可持续发展目标，在"确保经营与投资活动对人类和地球产生积极影响"的宏观原则指导下，2020 年 UNDP 发布了全球通用的指导原则标准——《可持续发展目标影响力标准》（以下简称《标准》），指导投资者和机构使用一套通用语言和方法，将可持续性和实现 SDGs 目标纳入经营决策中。另外，针对企业、债券发行人、私募股权基金三个不同的市场主体，UNDP 发布了三个细分标准。

体系结构与应用价值

《标准》构建的影响力管理体系由"战略、管理方法、透明度、治理"四大模块构成，将 SDGs 分别融入经营主体的战略目标、经营决策、信息披露和内部治理等方面。《标准》从宏观目标过渡到具体实践，纵向细化了可持续发展目标，将抽象的宏观原则可操作化；横向协同了可持续发展融资影响力标准，并以现有的影响力投资工具为基础，制定了一套适用于不同经营主体的影响力管理系统（见图 2-17）。《标准》有助于经营主体进行负责任的商业实践，实现可持续经营，促进 SDGs 的实现，并满足政府、投资者和其他利益相关方对经营主体可持续性绩效表现的信息披露需求。

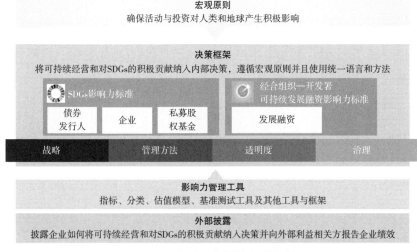

图 2-17　《标准》内外协同运作机制

资料来源：《可持续发展目标影响力标准》，编者整理。

细分标准与其应用场景

为协助市场主体获得可持续运营知识、衔接核心商业目标以及制定可持续发展的解决方案，《标准》为企业、债券发行人和私募股权基金等市场主体就"如何落实 SDGs"这一议题提供了三个细化的标准工具，标准遵循自愿遵守原则，具体内容如下：

第一，《企业可持续发展目标影响力标准》（以下简称《企业标准》）。

《企业标准》明确了关于企业战略、管理方法、透明度和治理的要求，为企业提供了使用现有工具（指标和分类等）的操作方法，协助企业运用通用语言与共享方案，将负责任可持续经营纳入组织体系和决策实践之中，建立稳健的内部影响力管理体系，实现从"符合SDGs"向"践行SDGs"的转型。[1]

第二，《债券发行人可持续发展目标影响力标准》（以下简称《债券标准》）。

《债券标准》统一了债券项目影响力绩效的衡量标准，填补了现行债券市场中标准的空白，尤其是战略和治理方面。[2]《债券标准》将影响力管理纳入业务流程和决策实践，在债券发行人影响力战略范围内，通过SDGs债券项目将社会资源导向用于优化可持续发展贡献。

第三，《私募股权基金可持续发展目标影响力标准》（以下简称《私募股权基金标准》）。

《私募股权基金标准》与联合国2030年可持续发展议程紧密结合，以可持续经营的决策方式为工作重点，鼓励基金比照SDGs影响力意图和目标，测量、监控、分析和评估基金绩效，在退出时考虑对利益相关方的影响及影响力的可持续性。[3]

2. 共益影响力评估工具（BIA）

为测量企业的社会和环境影响力表现，共益实验室（B Lab）于2007年发布第一版共益影响力评估工具（B Impact Assessment, BIA），并于2019年更新至第四版。BIA测评框架全面地评估企业的运营影响

---

① UNDP, "SDG Impact Standards for Enterprises", 2021.

② UNDP, "SDG Impact Standards for Bond Issuers", 2021.

③ UNDP, "SDG Impact Standards for Private Equity Funds", 2020.

力和影响力商业模式①，提供标准化的系统来协助企业定位自身影响力在其行业领域的位置。此外，BIA 根据企业规模和所在行业的差异调整评估内容，激励共益企业（B Corp）参考实践指南进行最佳商业实践。

评估维度

BIA 评估从各利益相关方角度出发，覆盖治理、员工、社区、环境和客户五个维度，系统地评估企业的社会、环境、治理影响（见图 2-18）。

图 2-18　BIA 五大维度

资料来源：B Lab②，编者整理。

应用场景

当 BIA 评估分值高于 80 分，企业可以通过进一步申请共益企业认证，从而获得"商业向善"的第三方权威证明。BIA 从以下三个层面，

---

① 运营影响力：适用于评估所有企业在日常管理运营中创造的影响力，与其他权威标准保持一致。影响力商业模式：BIA 针对企业创造特定正向影响力的产品或服务设计的特有评估内容。

② BIA 评估维度：（1）运营影响力：与企业日常运营相关的影响力主题（白色表示）；（2）影响力商业模式：与企业整体业务模式相关的影响力主题（彩色表示）。

帮助其用户实现在影响力层面的长远发展。

第一，评估企业当前对利益相关方的影响力表现。通过 50—250 个具备指导性质的问题，评估企业的政策、实践、产出、商业模式和积极影响。

第二，审查和比较企业的共益影响力报告，提供客观评级。共益影响力报告包含的基准信息协助企业与使用 BIA 的其他用户比较影响力表现。

第三，改进企业影响力表现。分析当前企业的评估结果，设置和跟踪性能目标，基于最新的实践指南提高影响力。

应用价值

BIA 对标 ESG，参与全流程投资管理。BIA 五大评估维度中的环境、社区和治理与 ESG 直接挂钩，因此以上三个维度的 BIA 具体分数也为利益相关方量化 ESG 投资表现提供对照的指标依据，进而深入了解企业在相应维度下的积极影响或潜在负面风险（见图 2-19）。

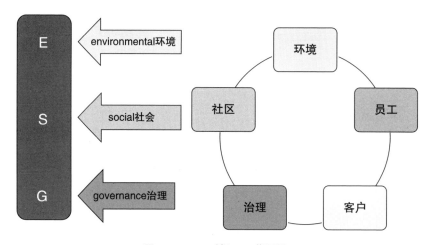

图 2-19　BIA 对标 ESG 指示图

资料来源：编者整理。

BIA 助力可持续经营实践。中国社会价值投资面临的挑战不仅在于资本体量的提升，也在于如何确保资本以高效且直接的方式投向可持续发展相关项目之中。

从企业外部来看，BIA 测评产出的社会影响力量化报告验证了共益企业的可持续经营战略。共益企业作为商业向善的行业先锋，更好地获得了利益相关方的信任，进一步降低了沟通成本。同时，企业加入共益企业全球社群，凭借平台的辐射影响，可以带动更多的行业企业共同发展。

从企业内部来看，BIA 帮助用户定位目前的基线水平，通过对标行业标杆企业，有助于明确竞争优势与发展差距，制定具体应对措施。BIA 全面的检查清单，协助企业规避不符合可持续经营理念的投资行为，挖掘与 SDGs 一致的投资与商业机会，优化影响力投资的衡量与管理。

3.“三 A 三力”社会价值评价体系

“三 A 三力”社会价值评价体系构建之初，关于社会创新、企业评判标准等概念不够明确，限制了对投资对象的优化选择，成为制约社会价值投资的瓶颈。针对这一困境，2014 年，友成基金会和社会价值投资联盟（深圳）共同研发了“三 A 三力”社会价值评价体系（以下简称“三 A 三力”），用于衡量社会价值创造能力，其主要创新体现在过程评估，即从目标（价值选择）、方法（价值创造过程）和结果（价值呈现）来评估；相对于传统的依靠结果的静态评估方法，过程评估更能体现一个项目和组织创造价值的能力。

经过多年升级迭代，目前，“三 A 三力”最有影响力的应用——“义利 99”排行榜，是 A 股上市公司可持续发展价值评估的市场实践；连续五年发布的《A 股上市公司可持续发展价值评估报告——发现中国“义利 99”》（2017—2021）蓝皮书，是中国首个聚焦企业可持续发展价值评估的权威研究报告①。

图谱介绍

"三A三力"是Aim社会目标 | 驱动力、Approach解决方案 | 创新力、Action 行动效果 | 转化力的缩写，它通过"为何做、怎么做、好不好"综合考量企业的经济、社会和环境效益（见图 2-20）。

1. Aim 社会目标 | 驱动力：指一个组织或项目的愿景使命以及战略对组织或项目产生的驱动作用。

2. Approach 解决方案 | 创新力：指为实现组织或项目目标而设计的解决方案的创新性、科学性和可行性。

3. Action 行动效果 | 转化力：主要指团队的执行力以及转换的结果。

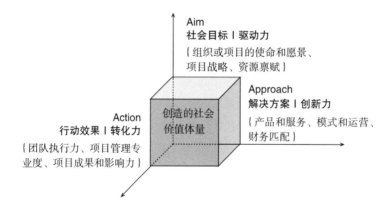

可持续发展价值=f（社会目标 | 驱动力，解决方案 | 创新力，行动效果 | 转化力）

图 2-20 "三A三力"三维图谱

资料来源：编者整理。

模型构成

"三A三力"评估模型由"筛选子模型"和"评分子模型"两部

---

① "义利99"全称是"A股上市公司社会价值义利99"，指以"上市公司社会价值评估模型"为工具，以沪深300成分股为对象，以经济、社会和环境综合效益为内容，其价值量化得分居前99位的A股上市公司。

分构成，"筛选子模型"是可持续发展价值评估的负向剔除评估工具，"评分子模型"则聚焦正向量化评估。在评估模式层面，"评分子模型"采取了"目标本位"和"目标检测"的混合方式，由四级指标构成。一级、二级指标反映理想目标和价值主张，即侧重"目标本位"；而三级、四级指标对接数据基础和现实条件，即侧重"目标检测"（见表 2-11）。

表 2-11 "三 A 三力"评估模型

一级指标（3个）	二级指标（9个）	三级指标（28个）	四级指标（57个）
1. 社会目标 Aim（驱动力）	1.1 价值驱动	1.1.1 核心理念	1.1.1.1 使命愿景宗旨
		1.1.2 商业伦理	1.1.2.1 价值观经营理念
	1.2 战略驱动	1.2.1 战略目标	1.2.1.1 可持续发展战略目标
		1.2.2 战略规划	1.2.2.1 中长期战略发展规划
	1.3 业务驱动	1.3.1 业务定位	1.3.1.1 主营业务定位
		1.3.2 服务受众	1.3.2.1 受众结构
2. 解决方案 Approach（创新力）	2.1 技术创新	2.1.1 研发能力	2.1.1.1 研发投入
			2.1.1.2 每亿元营业总收入有效专利数
		2.1.2 产品服务	2.1.2.1 产品/服务突破性创新
			2.1.2.2 产品/服务契合社会价值的创新
	2.2 模式创新	2.2.1 商业模式	2.2.1.1 营利模式
			2.2.1.2 运营模式
		2.2.2 业态影响	2.2.2.1 行业标准制定
			2.2.2.2 产业转型升级
	2.3 管理创新	2.3.1 公司治理	2.3.1.1 董监高治理
			2.3.1.2 投资者关系管理

续表

一级指标（3个）	二级指标（9个）	三级指标（28个）	四级指标（57个）
2.解决方案 Approach （创新力）	2.3 管理创新	2.3.1 公司治理	2.3.1.3 利益相关方识别与参与
		2.3.2 信息披露	2.3.2.1 财务信息披露
			2.3.2.2 非财务信息披露
		2.3.3 风险内控	2.3.3.1 内控管理体系
			2.3.3.2 风险管理体系
		2.3.4 激励机制	2.3.4.1 企业创新奖励激励
			2.3.4.2 员工股票期权激励计划
3.行动效果 Action （转化力）	3.1 经济贡献	3.1.1 营利能力	3.1.1.1 净资产收益率
			3.1.1.2 营业利润率
		3.1.2 运营效率	3.1.2.1 总资产周转率
			3.1.2.2 应收账款周转率
		3.1.3 偿债能力	3.1.3.1 流动比率
			3.1.3.2 资产负债率
			3.1.3.3 净资产
		3.1.4 成长能力	3.1.4.1 近3年营业收入复合增长率
			3.1.4.2 近3年净资产复合增长率
		3.1.5 财务贡献	3.1.5.1 纳税总额
			3.1.5.2 股息率
			3.1.5.3 总市值
	3.2 社会贡献	3.2.1 客户价值	3.2.1.1 质量管理体系
			3.2.1.2 客户满意度
		3.2.2 员工权益	3.2.2.1 公平雇佣政策和效果
			3.2.2.2 员工权益保护

续表

一级指标（3个）	二级指标（9个）	三级指标（28个）	四级指标（57个）
3. 行动效果 Action （转化力）	3.2 社会贡献	3.2.2 员工权益	3.2.2.3 员工职业发展
		3.2.3 合作伙伴	3.2.3.1 合规运营
			3.2.3.2 供应链管理措施和效果
		3.2.4 安全运营	3.2.4.1 安全管理体系
			3.2.4.2 安全运营绩效
		3.2.5 公益贡献	3.2.5.1 公益投入
			3.2.5.2 社区能力建设
	3.3 环境贡献	3.3.1 环境管理	3.3.1.1 环境管理体系
			3.3.1.2 环保投入
			3.3.1.3 环保违法违规事件及处罚
			3.3.1.4 绿色采购政策、措施和效果
		3.3.2 资源利用	3.3.2.1 综合能耗管理措施和效果
			3.3.2.2 水资源管理措施和效果
			3.3.2.3 物料消耗管理措施和效果
			3.3.2.4 绿色办公措施和效果
		3.3.3 污染防控	3.3.3.1 三废（废水、废气、固废）减排措施和效果
		3.3.4 生态气候	3.3.4.1 生态保护措施和效果
			3.3.4.2 应对气候变化措施和效果

注：上述评分子模型为简明公示版。操作版含赋权赋值、指标定义、评价标准、实施细则、属性标签、评价主体及备注等知识产权类信息。

资料来源：友成基金会、社会价值投资联盟（深圳），编者整理。

应用价值

"三A三力"评估模型是一次系统性的社会创新实验，贯通了全球可持续发展的共识、中国新发展理念（创新、协调、绿色、开放、共享)、义利并举的价值主张。从理念、工具到应用的可持续发展价值体系框架,回答了可持续发展价值从何而来、到哪里去等问题,进一步促进政府、市场和社会三大部门协同,引导资本等要素进行有效配置(见图 2-21)。

图 2-21　中国可持续发展评估体系

资料来源:社会价值投资联盟(深圳)[1]。

围绕基础层、工具层和应用层形成的评估机制和传导路径,其关注要点如下。

第一,基础层关注"逻辑"。社会目标｜驱动力(Aim)及其二级指标"价值、战略和业务驱动"聚焦"义利取向",从抽象到具象评估投资对象是否契合全球共识、国家方略和可持续发展价值主张。

第二,工具层关注"途径"。解决方案｜创新力(Approach)及其二级指标"技术、模式和管理创新"聚焦"义利方式",反映被投企业如何借助软实力创造可持续发展价值。在市场回测、数据分析、模型应

① 　马蔚华、宋志平:《发现中国"义利 99":2021 A 股上市公司可持续发展价值评估报告》,社会科学文献出版社 2021 年版。

用的基础上，四级指标对接量化评分，进一步具象评估模型。

第三，应用层关注"需求"。行动效果｜转化力（Action）及其二级指标"经济、社会和环境贡献"聚焦"义利结果"，反映中国社会价值投资六大议题产出的三大领域。三级指标的进一步分解体现了对政府、市场和社会的跨界融通的要求，有助于评估模型契合经济、政策和社会三大议题。

总体来看，社会价值投资的广泛应用离不开指导方法和评估工具的支撑。一方面，方法与工具的不断完善有助于社会价值投资的应用更具可操作性；另一方面，积极推动社会价值投资创新探索，有益于构建本土化适用的新的方法与工具体系，最终实现双向促进发展。未来，随着多元主体的参与和不同场景下社会实践的深入，中国社会价值投资的探索空间与应用维度将不断延伸，在社会价值创造与社会发展向好等方面发挥更大作用。

（四）指标类工具

指标类工具构建了具体的评价体系。基于循证研究进行定性与定量分析，量化被评对象的社会绩效，实现科学且具有可比性的价值评价。"IRIS+"系统是目前唯一广泛运用的指标类工具。

2009 年，全球影响力投资网络（GIIN）发布了《IRIS 指标目录》，用于量化评估投资和企业活动的影响力绩效。经过数次迭代，该目录升级为满足投资者个性化投资需求的"IRIS+"（Impact Reporting and Investment Standards，影响力报告和投资标准）系统，形成了一套跨行业、全周期的影响力投资评估工具与实践指南，解决过去企业信息披露透明度不高、可信度存疑等问题，指导机构进行影响力投资实践，使影响力投资的发展逐步走向标准化、系统化（见图 2–22）。

图 2-22 "IRIS+"系统的起源与发展历程

资料来源："IRIS+"，编者整理。

评估架构

"IRIS+"评估架构由明确影响力类别、确定影响力主题、设定策略目标、构建核心指标集四个层级步骤构成。每个影响力主题下有多个投资场景与影响力传递模式，并提供与之匹配的策略目标和实现路径，最后将投资意愿逐步落地为可操作的投资实践（见图 2-23）。

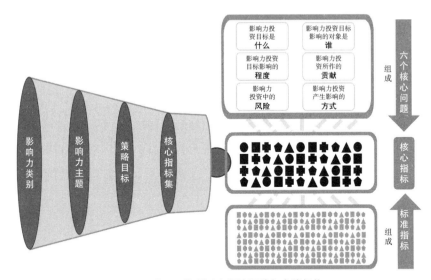

图 2-23 "IRIS+"影响力投资评估与实践架构

资料来源："IRIS+"，编者整理。

同一影响力目标可由不同核心指标集来实现。第一，指标集的构建通过解决"什么、谁、程度、贡献、风险、方式"等六大核心问题，确立了影响力项目评估的核心指标。第二，开展描述与评估，在影响力绩效的对比中构建统一的语言和方法。其中，每个核心指标由一个或多个标准指标加权计算而来。

指标外部性评估

社会和环境作为一个系统整体，内部因素产生的影响牵一发而动全身，同时体现在不同的行业类别之中[①]。"IRIS+"系统将具体项目产生的跨领域外部性视为整体[②]，分析得出对正负外部性的综合评价结果，并通过不断丰富影响力主题、拓展交付模式、增加策略目标等方式，在实现正向效应最大化的同时降低负面影响。为实现这一目标，"IRIS+"开发了数百个通用指标，以目标为导向，对指标形成不同的组合，构建核心指标集，每个目标由多种核心指标集以不同路径实现。投资者还可以根据期望实现的影响力目标自行组建个性化的核心指标集。

应用价值

"IRIS+"充分考虑投资和企业活动的跨领域外部性，在通用框架和循证研究的基础上，制定系统的量化评估标准与影响力投资实践方案，且适用于投资全流程管理过程。

"IRIS+"建构了交叉关联的指标体系，用于评估一项影响力投资活动的跨领域影响力和外部性，采用标准化数据和通用语言，提升了多方主体之间的沟通效率。"IRIS+"制定的操作指南降低了投资者的实践门槛，运用可比较的量化评估结果，推动投资者实现更好的投资绩效。

---

① 例如，在新兴市场开发大规模风能可能会减少二氧化碳排放量（对气候的积极环境影响）、为低收入人群提供能源（对基本服务的积极社会影响）、增加就业机会（对经济的积极社会影响）。同时，这也可能产生负面影响，例如附近社区的噪声污染、对鸟类生命的威胁，以及土地管理问题。

② 外部性是经济主体（包括厂商或个人）的经济活动对他人和社会造成的非市场化的影响。正外部性是个体经济行为的活动使他人或社会受益，而受益者无须花费成本；负外部性是个体经济行为的活动使他人或社会受损，而造成负外部性的人却没有为此付出代价。

借鉴意义

"IRIS+"统一了交叉行业、不同领域的影响力衡量口径，更好地量化影响力绩效，促进社会价值正向创造。在投资管理与价值评估方面，以下实践经验可供借鉴。

第一，建立项目全流程管理体系。根据项目事前、事中、事后标准评估结果，结合企业定位和各业务板块，制定、实施并灵活调整未来社会价值投资战略规划和实现路线图。

第二，建立量化评估标准。基于"IRIS+"的方法因地制宜构建量化指标，进行体系化评估与对比分析。阐释筛选原则与社会价值效益，对优秀项目进行价值评估分析。

第三，指标拆解与关联分析。"IRIS+"打破了项目之间的隔离墙，对有相互交叉的社会与环境影响指标进行拆解和关联分析，以提升综合社会价值的贡献值和提供系统性可持续发展的解决方案。

> ❯ 扩展阅读

社会价值衡量及其在社会价值投资中的应用探索

——邓国胜
清华大学公共管理学院社会创新与乡村振兴研究中心主任、教授

（一）社会价值投资：共创价值

首先，从公共管理学科的角度来看社会价值投资在全球兴起的背景。

伴随着福利国家的危机，20世纪80年代以来，全球兴起了一场新公共管理的革命，主要针对过去新公共管理存在的弊端，福利国家关注社会公平，由此忽略了行政效率。20世纪80年代兴起的新政府运动或新公共管理革命，核心是倡导服务外包，倡导竞争和政府绩效的提升。在此背景下，各国从片面追求公平转向追求效率。这一阶段，甚至有学

者提出企业型政府这一概念，号召政府像企业一样运营，提高工作效率。这必然损害社会的公平和正义，进而引发一系列的社会问题。由此可见，公平和效率总是一对天生的矛盾体，大概30年左右就会有一个轮回。

进入21世纪以来，新公共价值理论替代了传统的新公共管理理论。新公共价值理论与新公共管理理论有本质的不同：新公共管理理论强调问责、绩效，以及服务外包与竞争；新公共价值理论强调多元参与、跨界合作和价值共创，强调在追求效率的同时，更要追求社会的公平。在追求社会公平的过程中，不仅强调一个福利国家简单的给予和救助，更强调所有群体，包括被救助群体、政府、企业和公益慈善机构，怎么跨界合作去创造共享的价值，它希望以一个新的治理工具，更好地达成效率与公平的均衡。

在此背景下，全球倡导共创价值，而共创价值是新公共价值理论的核心概念。党的十九届四中全会提出，建设人人有责、人人尽责、人人享有的社会治理共同体。其中的核心概念是多元参与，多元是各个部门，包括各级党委、政府，以及企业、社会组织、志愿者、公民共同参与，形成共建、共治、共享的格局。

依照公共管理发展的脉络，我们可以清晰地看到，全球从过去片面地追求效率，回归公平，呈现出追求社会价值、经济价值共创的发展趋势。社会价值投资正是在公共价值理论背景之下提出的，这也就不难理解我们现在为什么特别强调要共创价值。

社会价值投资具有重要意义，因为可将其作为投资市场配置资源的导向。

资本的力量是巨大的，资本市场怎么去配置资源，对企业的发展走向，特别是它的价值取向有很强的导向功能。资本市场是推动社会价值共创的一个非常重要的力量，这也是资本市场对新公共价值理论作出的回应。

可以说，对于投资方而言，社会价值投资应是兼顾社会效益和经济效益的一种可持续的投资模式。对社会而言，社会价值投资是运用金融机构、资本市场的力量，由党和政府、社会组织、上下游企业共同创造社会价值的过程。

（二）社会价值衡量及其应用

如何才能更好地引导社会价值投资方向？最重要的是要能够对社会价值进行衡量。戴维·奥斯本和特德·盖布勒提出，评估什么就得到什么，不评估它就会失去它。社会价值投资也是一样，如果没有办法对社会价值进行衡量，就没有办法引导社会价值投资的方向。

社会价值衡量非常复杂，包括两个方面：一个是财务回报，一个是社会效益。相较而言，财务回报的测量比较容易，也更精准，但是社会效益并不容易被精准地测量出来。正是因为社会价值难以测量，所以需要开发精准的工具，充分利用现有的大数据技术，对社会价值进行更客观、更科学的衡量。

在巨大的需求下，国内外已经开发出诸多测评工具，衡量被投资机构所产生的社会价值。

第一，社会投资回报（SROI）。SROI是衡量产品或服务所产生社会价值的量化方法，其评估系统的核心是给成果定价，让成果可测量化。SROI基于利益相关者原则，通过建立量化指标体系，综合评估社会干预行为所产生的经济、社会和环境回报。在对产品或服务的社会与环境绩效进行测量之后，SROI将所有社会和环境绩效的计算结果以货币化形式呈现，转换为货币经济价值。因此，SROI可以用来衡量每1元钱的社会投资会产生多少社会收益。例如，SROI值为2，意味着1元钱的投入可以产生2元钱的社会价值。由于SROI以货币为单位，便于比较，因此这套测评工具应用得较为广泛，一些发达国家社会价值投资机构往往会根据SROI的测评结果进行投资。

　　第二，美国 B Lab 开发的 BIA 评估框架。BIA 通过打分的模式进行测评，不以货币为单位，而是通过五个维度来测量一家机构的社会影响力。具体而言，它从治理、员工、社区、环境、客户五个维度[①] 打分，总共 200 分，如果能达到 80 分，一般被认证为 B Lab。BIA 评估框架在全球得到一定范围的应用。全球影响力投资网络（GIIN）发布的调查报告显示，约五分之一的投资人在管理影响力时使用由 B Lab 开发的测评平台（B-Analytics）。不过，这种模式的主观成分相对比较高，因此在不同的领域，它的可比性可能不够强。

　　第三，影响力报告和投资标准（IRIS）。IRIS 是全球影响力投资网 GIIN 开发的工具。IRIS 涵盖财务绩效指标、运营绩效指标、产品指标、产业指标和社会与环境目标指标[②]。由于 IRIS 的内容比较全面，有门类

---

① （1）治理维度，主要评估企业将社会和环境议题纳入企业战略管理、流程管理、财务管理的程度。

　（2）员工维度，主要评估企业对员工健康与安全、职业发展等的关注度。

　（3）社区维度，主要评估企业对社区所作的经济、社会方面的贡献，包括创造就业和慈善等。

　（4）环境维度，主要评估企业在生态环境保护方面的贡献。

　（5）客户维度，主要评估企业的产品、服务或商业模式在多大程度上可以解决特定的社会或环境问题，满足客户需求。

② （1）财务绩效指标：用于描述和报告机构的财务情况，如资产负债表、现金流、损益表等。

　（2）运营绩效指标：用于描述和报告被投资者的管理政策、人事政策和日常商业运营活动所形成的社会影响力和环境影响力，如独立董事人数、质量管理标准等。

　（3）产品指标：用于描述和报告被投资者的产品、服务及特定生产流程所形成的社会影响力与环境影响力，如贫困户的供应商数量、女性个体分销商数量、直接排放温室气体总量等。

　（4）产业指标：用于描述和报告特定社会和环境领域的影响力，如农业中的杀虫剂使用、环境中的生物多样性评估等。

　（5）社会与环境目标指标：用于描述和报告针对达成特定影响力目标的指标，如履行社会和环境责任的员工奖励计划、员工志愿服务时间等。

齐全的指标库，投资者可以根据自身需求，选择适合自己的指标，因此使用较为广泛。GIIN 的调查报告显示，IRIS 及其升级版是目前全球投资者最广泛认可和使用的社会影响力测评工具。

例如，Nuveen 是全球最具影响力的投资机构之一，管理超过 10 亿美元的影响力资产，其在美国的经济适用房战略的影响力目标就是为弱势群体提供可负担的住房安全保障，该影响力资产规模为 3.5 亿美元。首先，Nuveen 从 IRIS 中有关房地产类别的指标库中选择改善住房质量、提高住房稳定性等关键指标，构建一致且可比较的测评指标体系；其次，按照这套指标体系，对潜在的被投资机构、不同的房地产公司进行测评，考察不同的房地产公司所盖的房屋到底有多大百分比的弱势群体受益、对这些低收入家庭租户的住房稳定性有多大影响等；最后，Nuveen 根据各个房地产公司设计方案的社会价值衡量结果来选择被投资的对象。

IRIS 最大的特色是提供各行各业分门别类的指标库，金融公司等机构可以根据自身需求选择对应的指标库。

我国也有类似的测评工具。例如，友成企业家扶贫基金会开发的"三 A 三力"指标，从驱动力、创新力、转化力的维度构建中国社会价值评价体系。未来，中国要打造自己的测评机构，不仅在为国内企业提供服务，还要走向国际，并得到国际社会的认同。

（三）结论与建议

社会价值投资确实是当今世界解决各国面临的复杂问题的途径。金融资本在市场中的力量强大，要充分利用这样的力量，推动共建、共治、共享的社会治理共同体，社会价值测量是保障目标达成的重要工具。总体来看，社会价值测量依旧是件非常困难的事情。通常来讲，它是定量与定性相结合，但只要是测量，只要是评估，就会带有主观性，表现在指标选取的主观判断及在不同阶段和环境下动态改变的主观判断等。

　　未来，社会价值测量要借助数字化手段，建立更完整的数据库，帮助社会价值测评变得更加简便，更加具有可比性。如果没有可比性，没有积累多年的数据，不能进行纵向对比，就无法看到发展变化情况①。在任何情况下，利用数据化的手段构建一个庞大的社会价值测量的数据库，都有助于推动社会价值测量的应用。

　　社会价值投资是推动未来人类社会可持续发展的重要工具，需要各方共同努力，共创社会价值。针对社会价值的测量也更需要政府、企业、社会组织各方共同努力，不断优化和完善社会价值衡量的工具，建立中国的社会影响力投资管理平台和数据库，推动中国金融机构、互联网企业等开展社会价值投资，从而为整个社会创造更大的价值。

① 多数情况下由于不同领域的可比性较低，更多时候需要跟自己的过去进行比较。

第 三 章

中国实践：新发展理念下本土创新与探索

　　贯彻新发展理念、推动高质量发展，与联合国可持续发展理念高度契合，体现出中国作为负责任大国参与全球可持续发展的使命与担当，在国家经济社会转型发展的关键阶段，夯实环境、社会和治理等议题至关重要。社会价值投资的中国探索相较于西方有着更为积极的政策环境、更为丰富的社会土壤和广阔的市场空间，为国家战略目标的最终实现提供新的路径。

——编者

　　中国社会价值投资的发展与本土国情、社会发展需求紧密相关。在发展过程中出现的收入不平等、区域经济不平衡和人口老龄化加速等社会和环境污染问题日益凸显，这需要坚定不移贯彻新发展理念，保持生态文明建设战略定力，加大环境和社会问题治理力度，同时注重发挥市场参与解决环境和社会等公共问题的作用。在国家统筹与政策法规引导下，社会民众日益深化对可持续发展理念的认知。在实践中，公益组织与企业机构积极探索多方协同，持续创新创造，通过解决公共部门无法触达的难点、痛点问题，对社会发展形成有效助力。整体来看，在有为政府和有效市场的共同推动下，基于中国语境的社会价值投资理念与实践探索正迈向深入。

一、政策体系

　　可持续发展指引中国社会价值投资。面对新时代新形势新问题，习近平总书记高瞻远瞩、统揽全局，在党的十八届五中全会上首次提出牢固树立创新、协调、绿色、开放、共享的新发展理念，在党的十九大上进一步明确把坚持新发展理念作为新时代坚持和发展中国特色社会主义的基本方略之一。新发展理念已广泛应用到经济社会发展各个方面，引领我国现代化建设取得了历史性成就、发生了历史性变革、实现了历史性跨越。贯彻新发展理念是关系我国发展全局的一场深刻变革，具有重大现实意义和深远历史意义，应有力推动我国发展不断朝着更高质量、更有效率、更加公平、更可持续的方向前进。目前，我国已建立起相对完善的绿色金融框架体系，在农村发展、环境保护、养老助老、小微金融等众多普惠性社会领域的应用也已具有明显的社会价值投资性质，比如社会资本投资乡村振兴特色优势产业、"双碳"战略下的 ESG 投资、养老基金 ESG 投资、金融贷款支持棚户区改造等。

（一）国家战略指向高质量可持续发展

支持性的政策环境对于社会价值投资的应用至关重要。审视宏观政策框架内涉及投资、金融与社会力量参与的相关指引，有助于系统理解我国经济社会整体布局及可持续发展相关的重点领域，全面把握社会价值投资的应用方向。表 3-1 从"投资资金流向""金融资源配置""社会力量参与"三个维度对《中华人民共和国国民经济和社会发展第十四个五年规划和 2035 年远景目标纲要》进行梳理和分析。

在"投资资金流向"维度：鼓励资本流向科技企业与制造业发展、产业体系与标准化构建、产业链国内外投资循环、环境保护与可持续发展、内需体系构建下社会资本与政府资本融合、资金撬动产业与农民可持续增收、新型城市建设、公共服务供给、县域经济建设、"一带一路"投融资等领域。

在"金融资源配置"维度：鼓励金融支持科技创新、服务实体经济、支持中小微企业发展、金融科技赋能金融数字化、助力乡村振兴、绿色金融等方向。

在"社会力量参与"维度：鼓励社会资源助力多元化多层次服务供给、公共服务重点领域数字化智能化、农村公益事业、重点地区重点帮扶县社会经济发展、公共文化服务供给和设施建设运营、普惠托育服务体系建设、基层治理等领域。

表 3-1　"十四五"规划和 2035 年远景目标宏观政策"三维度"解析

分类	目录整理	政策内容	涉及领域
投资资金流向	(1) 提升企业技术创新能力　完善企业创新服务体系	畅通科技型企业国内上市融资渠道，增强科创板"硬科技"特色，提升创业板服务成长型创新创业企业功能，鼓励发展天使投资、创业投资，更好发挥创业投资引导基金和私募股权基金作用	VC/PE 助力科技企业发展
	(2) 深入实施制造强国战略　实施制造业降本减负行动	扩大制造业中长期贷款、信用贷款规模，增加技改贷款，推动股权投资、债券融资等向制造业倾斜	制造业直接融资扩展支持
	(3) 发展壮大战略性新兴产业　构筑产业体系新支柱	发挥产业投资基金引导作用，加大融资担保和风险补偿力度	产业投资基金助力产业体系构建
	(4) 建设现代化基础设施体系　加快建设新型基础设施	发挥市场主导作用，打通多元化投资渠道，构建新型基础设施标准体系	市场主导多元投资助力新基建
	(5) 促进国内国际双循环　推动进出口协同发展	"引进来"和"走出去"并重，以高水平双向投资高效利用全球资源要素和市场空间，完善产业链供应链保障机制，推动产业竞争力提升	畅通国内外双向投资路径
	(6) 提升生态系统质量和稳定性　健全生态保护补偿机制	完善市场化多元化生态补偿，鼓励各类社会资本参与生态保护修复	社会投资助力环境可持续
	(7) 加快培育完整内需体系　拓展投资空间	深化投融资体制改革，发挥政府投资撬动作用，激发民间投资活力，形成市场主导的投资内生增长机制。规范有序推进政府和社会资本合作（Public Private-Partnership, PPP）	社会力量充分参与各类社会发展性投资，在投资层面优化结构、提高效率、保持增长

续表

分类	目录整理	政策内容	涉及领域
投资资金流向	(8) 提高农业质量效益和竞争力　丰富乡村经济业态	发展县域经济，推进农村一、二、三产业融合发展，延长农业产业链条，发展各具特色的现代乡村富民产业。完善利益联结机制，通过"资源变资产、资金变股金、农民变股东"，让农民更多分享产业增值收益	发挥资金牵引与带动作用，以产业发展促进农民可持续增收
	(9) 全面提升城市品质　推进新型城市建设	顺应城市发展新理念新趋势，开展城市现代化试点示范，建设宜居、创新、智慧、绿色、人文、韧性城市。拓展城市建设资金来源渠道，建立期限匹配、渠道多元、财务可持续的融资机制	新型城市建设下多元化的资金渠道以及财务可持续的融资机制
	(10) 健全国家公共服务制度体系　创新公共服务提供方式	在育幼、养老等供需矛盾突出的服务领域，支持社会力量扩大普惠性规范性服务供给。鼓励社会力量通过公建民营、政府购买服务、政府和社会资本合作等方式参与公共服务供给	社会资本创新助力公共服务供给
	(11) 完善城镇化空间布局　推进以县城为重要载体的城镇化建设	健全县城建设投融资机制，更好发挥财政性资金作用，引导金融资本和社会资本加大投入力度。	金融资本、社会资本助力县域经济建设
	(12) 推动共建"一带一路"高质量发展　深化经贸投资务实合作	坚持以企业为主体、市场为导向，遵循国际惯例和债务可持续原则，健全多元化投融资体系。建立健全"一带一路"金融合作网络，推动金融基础设施互联互通，支持多边和各国金融机构共同参与投融资	企业主体、市场主导的多元化投融资体系；多边参与，金融基础设施互联互通
金融资源配置	(1) 提升企业技术创新能力　完善企业创新服务体系	完善金融支持创新体系，鼓励金融机构发展知识产权质押融资、科技保险等科技金融产品，开展科技成果转化贷款风险补偿试点	金融支持科技创新，金融机构创新科技金融产品

续表

分类	目录整理	政策内容	涉及领域
金融资源配置	（2）畅通国内大循环促进资源要素顺畅流动	提高金融服务实体经济能力，健全实体经济中长期资金供给制度安排，创新直达实体经济的金融产品和服务，增强多层次资本市场融资功能	金融产品、金融要素、金融资源助力实体经济发展
	（3）激发各类市场主体活力优化民营企业发展环境	创新金融支持民营企业政策工具，健全融资增信支持体系，对民营企业信用评级、发债一视同仁，降低综合融资成本	金融支持中小微企业发展
	（4）建立现代财税金融体制深化金融供给侧结构性改革	稳妥发展金融科技，加快金融机构数字化转型	金融科技赋能金融数字化等应用
	（5）健全城乡融合发展体制机制 加强农业农村发展要素保障	健全农村金融服务体系，完善金融支农激励机制，扩大农村资产抵押担保融资范围，发展农业保险	金融助力乡村振兴具体系列措施
	（6）加快发展方式绿色转型构建绿色发展政策体系	大力发展绿色金融	绿色金融多维度应用
社会力量参与	（1）促进服务业繁荣发展 深化服务领域改革开放	扩大服务业对内对外开放，进一步放宽市场准入，全面清理不合理的限制条件，鼓励社会力量扩大多元化多层次服务供给	社会力量参与多元化多层次服务供给
	（2）强化国家战略科技力量 持之以恒加强基础研究	鼓励自由探索，制定实施基础研究十年行动方案；对企业投入基础研究实行税收优惠，鼓励社会以捐赠和建立基金等方式多渠道投入，形成持续稳定投入机制，基础研究经费投入占研发经费投入比重提高到8%以上	社会力量以公益、捐赠等形式开展长期新型基础研究项目

分类	目录整理	政策内容	涉及领域
社会力量参与	(3) 加快数字社会建设步伐　提供智慧便捷的公共服务	聚焦教育、医疗、养老、抚幼、就业、文体、助残等重点领域，推动数字化服务普惠应用，持续提升群众获得感。鼓励社会力量参与"互联网＋公共服务"，创新提供服务模式和产品	社会力量广泛参与公共服务重点领域，推动数字化普惠
	(4) 实施乡村建设行动　提升乡村基础设施和公共服务水平	推进城乡基本公共服务标准统一、制度并轨，增加农村教育、医疗、养老、文化等服务供给，推进县域内教师医生交流轮岗，鼓励社会力量兴办农村公益事业	社会力量参与农村公益事业
	(5) 实现巩固拓展脱贫攻坚成果同乡村振兴有效衔接　提升脱贫地区整体发展水平	坚持和完善东西部协作和对口支援、中央单位定点帮扶、社会力量参与帮扶等机制，调整优化东西部协作结对帮扶关系和帮扶方式，强化产业合作和劳务协作	社会力量参与重点地区重点帮扶县社会经济发展
	(6) 提升公共文化服务水平完善公共文化服务体系	创新公共文化服务运行机制，鼓励社会力量参与公共文化服务供给和设施建设运营	社会力量参与公共文化服务供给和设施建设运营
	(7) 实施积极应对人口老龄化国家战略　健全婴幼儿发展政策	支持企事业单位和社会组织等社会力量提供普惠托育服务，鼓励幼儿园发展托幼一体化服务	社会力量参与普惠托育服务体系建设
	(8) 构建基层社会治理新格局　积极引导社会力量参与基层治理	发挥群团组织和社会组织在社会治理中的作用，畅通和规范市场主体、新社会阶层、社会工作者和志愿者等参与社会治理的途径，全面激发基层社会治理活力	社会力量参与基层治理

资料来源：中国政府网，编者整理。

（二）可持续金融体系优化金融资源配置

可持续金融的快速发展源于全球可持续发展对金融的迫切需求。随着 2016 年 1 月联合国《2030 年可持续发展议程》正式启动以及 2021 年 11 月联合国气候变化大会（COP26）敲定《巴黎协定》全面实施细则，可持续金融在各领域的应用进入快车道。根据《G20 可持续金融路线图》的解释，可持续金融是支持《2030 年可持续发展议程》和《巴黎协定》各项目标达成所进行的金融活动，但通常泛指一切为实现可持续发展而实施的金融活动。一方面聚焦社会、环境的可持续发展问题，将可持续理念融入金融政策、金融产品、金融实践之中；另一方面通过资金流向把控金融资源利用，对其进行优化与配置。

近几年，随着全球国际组织、多边合作平台和各国监管机构在可持续金融上的探索逐步深入，可持续金融的综合影响力逐渐加大，已成为金融行业发展的重要趋势。欧盟一直致力于构建一套支撑可持续投资和发展的金融体系，在健全政策框架、明确分类方法、完善标准体系等方面走在全球前列（见表 3-2）。我国作为《巴黎协定》的缔约方之一，积极参与全球可持续金融体系构建，"自上而下"推动可持续金融国内外合作与发展（见表 3-3）。

表 3-2 　国际上可持续金融发展相关重要事项

时间	标准事项	关键作用
2015 年 10 月	联合国环境署（UNEP）发布报告《我们所需要的金融体系》	指出要将金融与可持续发展有机结合起来
2017 年 11 月	UNEP 和世界银行（WB）集团联合发布报告《可持续金融体系路线图》	呼吁各国推动可持续金融体系建设，设计构建所需要的全球金融体系

续表

时间	标准事项	关键作用
2017 年 12 月	由中国人民银行在内的多家中央银行和监管机构发起成立央行与监管机构绿色金融网络（NGFS）	NGFS 为金融部门发展绿色金融和管理环境与气候相关风险提供政策指引。已成为最具国际影响力的绿色金融合作平台之一
2018 年 3 月	欧盟发布《可持续发展融资行动计划》	释放了明确的发展可持续金融的政策信号，统一了欧洲绿色金融相关业务标准，详述了欧盟可持续金融的发展框架
2018 年 12 月	中国绿金委与伦敦金融城签订《"一带一路"绿色投资原则》	在现有责任投资倡议基础上，将低碳和可持续发展议题纳入"一带一路"倡议，推动"一带一路"投资的绿色化
2019 年 9 月	联合国秘书长古特雷斯在第 74 届联合国大会期间发布《达成可持续发展目标的融资路线图》	成为金融推动可持续发展的全球行动指南
2019 年 12 月	欧洲银行管理局（EBA）发布《可持续金融行动计划》	概述了 EBA 针对 ESG 因素以及与之相关风险所展开的任务内容与具体时间表，重点介绍了有关可持续金融的关键政策信息
2020 年 2 月	欧洲证券和市场管理局（ESMA）发布《可持续金融战略》	阐明了 ESMA 计划如何将 ESG 因素嵌入其工作中，并促使可持续发展理念成为市场发展的核心
2020 年 3 月	欧盟发布《可持续金融分类法》	以有效推动经济可持续发展为目标，旨在确定可持续投资的标准、相关的投资谨慎性原则和低碳基准，规范投融资活动，更好地促进可持续金融市场发展
2021 年 3 月	欧盟界定"绿色投资"的《可持续金融披露条例》（SFDR）正式生效	统一了欧盟可持续金融信息披露的标准，引导资金流向可持续的金融产品并提升可持续投资的透明度
2021 年 4 月	欧盟委员会通过《欧盟可持续金融分类方案》	明确可持续经济活动范围，为欧盟绿色转型引进重大且真正符合可持续发展原则的投资

续表

时间	标准事项	关键作用
2021 年 10 月	中国人民银行和美国财政部牵头完成二十国集团首个可持续金融框架性文件《G20 可持续金融路线图》	《巴黎协定》进入实施阶段后 G20 国家领导人就绿色与可持续金融议题达成的首个重要共识
2021 年 11 月	由中欧等经济体共同发起的可持续金融国际平台（IPSF）在联合国气候变化大会（COP26）期间发布了《可持续金融共同分类目录报告——减缓气候变化》	融合了中国《绿色债券支持项目目录》和欧盟《可持续金融分类方案——气候授权法案》各自目录的特点和优势，旨在提高分类法的可比性和未来的互通性，提升全球可持续金融分类标准趋同
2022 年 2 月	欧洲证券和市场管理局（ESMA）发布《2022—2024 年可持续金融路线图》	旨在应对未来三年快速新兴和发展的可持续金融市场，包括为 ESMA 和国家主管部门建设可持续金融能力，监测、评估和分析 ESG 市场和风险
2022 年 4 月	博鳌亚洲论坛 2022 年年会发布《可持续发展的亚洲与世界——绿色转型亚洲在行动》	在亚洲的碳排放已超全球总量的 50%的背景下，统一各方发展共识，实现绿色转型必须有绿色和可持续金融助力
2022 年 11 月	G20 领导人第十七届峰会批准《2022 年 G20 可持续金融报告》，其中一项主要内容为《G20 转型金融框架》	诸多建议供各国和相关方自愿采纳，包括建立转型金融框架、提高金融机构净零排放承诺的可信度、发展可持续金融工具及提高可得性和降低融资成本等

资料来源：编者整理。

表 3-3　我国可持续金融发展相关重要事项

时间	事项	关键作用
2016 年 8 月	中国人民银行、财政部等七部委联合印发了《关于构建绿色金融体系的指导意见》	成为全球首个建立了比较完整的绿色金融政策体系的经济体。构建绿色金融体系的主要目的是动员和激励更多社会资本投入到绿色产业
2020 年 6 月	联合国开发计划署（UNDP）驻华代表处、商务部中国国际经济技术交流中心主办的《可持续发展投融资支持项目目录（中国）》（2020 版）正式发布	首创性在于将 SDGs（子目标）整合进了投资指南，通过纳入主流的融资倡议与框架，帮助投资者识别可持续发展的投资机会，并使用恰当的金融工具促进可持续发展

续表

时间	事项	关键作用
2021 年 1 月	联合国开发计划署（UNDP）发布《SDG 投资者地图（中国）》	帮助投资者甄别与 SDGs 一致的投资机会和商业模式，将中国的可持续发展需求和政策重点转化为具体的投资机会领域，阐明可执行、可营利的商业模式
2021 年 3 月	中国人民银行初步确立了"三大功能""五大支柱"的绿色金融发展政策思路	为我国绿色金融发展提供了行动指引
2021 年 4 月	中国人民银行、国家发展改革委、中国证监会联合发布金融行业标准《绿色债券支持项目目录（2021 年版）》	绿色债券是重要的绿色金融工具，对绿色债券支持领域和范围进行科学统一界定，有助于提升我国绿色债券的绿色程度和市场认可度
2021 年 5 月	中国人民银行印发《银行业金融机构绿色金融评价方案》	提升金融支持绿色低碳高质量发展的能力，完善绿色金融制度框架
2021 年 7 月	中国人民银行发布金融行业标准《环境权益融资工具》	明确了环境权益融资工具的总体要求。明确重视发展环境权益直接融资工具，有利于吸引民间资本积极参与生态环境建设
	中国人民银行发布金融行业标准《金融机构环境信息披露指南》	助力金融资源向绿色低碳发展领域倾斜，提高环境正外部性，形成积极的社会环境效益
2021 年 9 月	《中共中央　国务院关于完整准确全面贯彻新发展理念做好碳达峰碳中和工作的意见》	对金融与投资助力绿色转型发展进行了部署。完善支持社会资本参与政策，激发市场主体绿色低碳投资活力。积极发展绿色金融
2021 年 12 月	生态环境部办公厅等九部门联合印发《关于开展气候投融资试点工作的通知》	气候投融资是指为实现国家自主贡献目标和低碳发展目标，引导和促进更多资金投向应对气候变化领域的投资和融资活动，是绿色金融的重要组成部分。为未来 3—5 年气候投融资发展提供了指引
	2022 年中国人民银行工作会议	加强绿色金融工作的整体协调、有序推进。主动推进绿色金融国际合作。牵头完成二十国集团首个可持续金融框架性文件《G20 可持续金融路线图》

续表

时间	事项	关键作用
2022 年 2 月	中国人民银行行长易纲线上出席雅加达 G20 财长和央行行长会议	中国人民银行作为 G20 可持续金融工作组联合主席，将与各方共同制定转型金融框架，落实《G20 可持续金融路线图》
2022 年 4 月	中国人民银行行长易纲线上出席华盛顿 G20 财长和央行行长会议	继续推进制定转型金融政策框架、促进发展中国家绿色融资等重点工作。人民银行将继续牵头推进制定转型金融政策框架等工作，推动落实《G20 可持续金融路线图》，促进可持续金融发展
	证监会发布金融行业标准《碳金融产品》	有序发展各种碳金融产品，引导金融资源进入绿色领域，支持绿色低碳发展
2022 年 7 月	中国人民银行行长易纲线上出席巴厘岛 G20 财长和央行行长会议	支持继续推进鼓励金融机构落实净零承诺、提高可持续金融的可得性和可负担性等工作；继续落实《G20 可持续金融路线图》，引导市场资金支持有序低碳转型
2023 年 4 月	中国人民银行行长易纲出席华盛顿 G20 财长和央行行长会议	完善动员充足气候融资机制、促进可持续发展目标相关融资、加强可持续金融能力建设；同意更新《G20 普惠金融行动计划》

资料来源：编者整理。

对内，顶层设计与国内发展统一并重。2016 年 8 月，中国人民银行牵头七部委共同印发了《关于构建绿色金融体系的指导意见》（以下简称《指导意见》），明确了我国绿色金融的发展方向和目标任务。随着《指导意见》的出台，中国将成为全球首个建立了比较完整的绿色金融政策体系的经济体。2021 年初，央行初步确立了"三大功能""五大支柱"的绿色金融发展政策思路。2021 年 4 月以来，《绿色债券支持项目目录（2021 年版）》《环境权益融资工具》《金融机构环境信息披露指南》《碳金融产品》多项绿色金融行业标准发布。

对外，国际合作与国际标准主动引领。2016 年 9 月，我国作为

G20 轮值主席国，首次将绿色金融纳入 G20 峰会重点议题，开启和推动了绿色金融国际主流化进程。2018 年，中国人民银行牵头的 G20 绿色金融研究小组更名为可持续金融研究小组。2021 年，G20 主席国意大利提出将可持续金融作为 2021 年 G20 的一项重点工作。同年 10 月，中国人民银行与美国财政部牵头完成 G20 首个可持续金融框架性文件《G20 可持续金融路线图》，促进我国可持续金融政策和实践与国际接轨。11 月，中欧等经济体共同发布了《可持续金融共同分类目录报告——减缓气候变化》，为可持续金融标准全球趋同提供重要参考，并于 2022 年 6 月对目录进行完善更新，包含中欧分类目录中共同认可的 72 项对减缓气候变化有重大贡献的经济活动。

《2030 年可持续发展议程》和《巴黎协定》各项目标的达成需要可持续金融的支持。我国作为《巴黎协定》的缔约方之一，积极参与全球可持续金融体系构建，推动社会价值投资，正是对可持续金融体系建构的响应。

总体来看，在可持续金融的大范畴内，我国聚焦普惠金融与绿色金融，建立了较完整的国内政策框架，在助力脱贫攻坚和"双碳"目标进程中展开了诸多探索与实践。但是，相较于欧洲明确的可持续金融政策信号以及出台的可持续金融支持可持续经济、环境、社会议题相关的发展框架，我国可持续金融在推动经济可持续发展和社会议题解决上依旧不够全面，未来可围绕以下方向加强建设。

首先，加强可持续金融发展的宏观环境与生态体系建设，推动更多正向激励的可持续金融政策在社会发展所需的领域落地。

其次，借助多种金融手段和方法促进企业与社会公众力量更广泛地参与包括经济、环境、社会发展等诸多议题在内的可持续社会价值投资，持续推动资本向善。

最后，通过整合企业、社会力量等各方资源激发实现"共创、共享、共益"的活力，以更广泛的协同推动资金与资源在可持续利用与高效配置间实现充分融合。

　　在全球可持续发展的综合背景下，中国社会价值投资路径的探索要兼顾本土化与适用性（见图 3-1），并进一步明确中国社会价值框架下的核心发展议题。

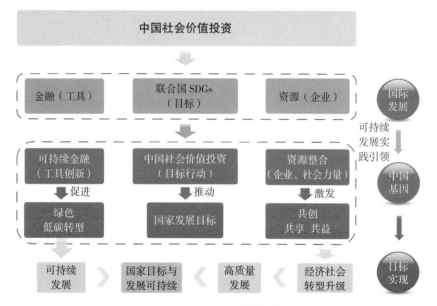

图 3-1　中国社会价值投资路径探索

资料来源：编者整理。

◆ 扩展阅读　**数字化为价值共创与金融探索提供新机遇**

——马蔚华
联合国可持续发展目标指导委员会委员
社会价值投资联盟（深圳）主席
盟浪可持续数字科技董事长

　　数字时代下的价值共创与金融探索，可以从三个层面理解。价值共创，这里的价值共创不仅仅是人类共同创造经济价值，更重要的是创造社会价值，创造可持续发展的价值；金融探索，是我们要探索用哪种金融形式，支持社会价值和商业价值的创造，支持可持续发展。数字化时代恰好为我们提供了一个营造可持续金融的生态。

（一）人类发展面临持续的挑战

当前，人类面临前所未有的机遇与挑战，解决问题的唯一出路就是可持续发展，可持续金融能有效推动实现可持续发展。

在 2015 年，联合国在可持续发展峰会上制定了拟在 2015—2030 年实现的 17 个可持续发展目标（SDGs）。目前，时间过半，受新冠疫情影响，达成这 17 个目标的进程处于停滞甚至倒退阶段。世界上仍有约 8 亿人在挨饿，局部地区武力冲突将导致更多人面临粮食和能源危机。

同时，气候变化带来的危机前所未有，近 50 年全球变暖正在以过去从未有过的速度发展，全球各地持续出现夏季高温。联合国 SDGs 在 2022 年 4 月发布报告称，到本世纪末全球平均气温将增加约 4 摄氏度，增加 4 摄氏度是什么概念？通常 2 摄氏度是极限，超过 2 摄氏度就不排除海平面上升的可能性，生物多样性会受到重挫，而 4 摄氏度会严重威胁人类文明。

怎么解决这些问题？ 2015 年，联合国发布可持续发展议程的时候，资金缺口是每年需要 3.9 万亿美元，过去几年，这个缺口不但没有减少，反而扩大至 4.3 万亿美元。如果只靠政府的投入和慈善的捐赠，远远解决不了巨大的资金缺口问题，那怎么办？人类这些年也在不断探索，越来越多的人达成共识，只有可持续金融，才能实现可持续发展的目标。

（二）可持续金融

什么是可持续金融？简单来讲，凡是对可持续发展产生正面效应的金融服务都可称为可持续金融。回顾人类社会，特别是近100年，进入工业化时代，环境破坏和贫富差距拉大，全世界一直在探索如何解决这些问题。从道德投资开始，到责任投资、底线投资，到2004年联合国提出的ESG，我们叫ESG投资，再到2007年洛克菲勒基金会提出的影响力投资，一直到现在，我们国内称其为社会价值投资（也可以叫可持续发展投资）。事实上，社会价值投资涵盖了ESG投资、责任投资、影响力投资的全部内涵。

为什么说可持续金融能解决这些问题？以影响力投资的概念为例，什么是影响力投资？这是指一笔投资既能有正面的财务回报，又有可量化的社会影响力。不仅是追求经济效益，同时追求可量化的社会价值。ESG也是如此，不仅要实现经济效益，而且要在环境、社会治理方面实现可持续增长。

社会发展金融、普惠金融、绿色金融等其他金融服务和衍生工具，都可称为可持续发展金融。其中的共性在于，不是等到出了问题以后再去扶贫、去治理，去用钱解决问题。可持续金融就是要求在每一笔投资，每个经济活动开始的时候，从制定战略阶段便推动执行，在整个过程中坚持经济效益和社会价值的有效性，坚持环境、社会经济协调，环境、社会价值协调，最大限度地在萌芽状态解决问题，最大限度地减少治理成本。如果越来越多的企业坚持这种理念和实践，那么社会问题就会大大减少。这也正是可持续金融的主路线。

影响力投资在全球刚兴起时呈几何级数增长，现在也已超过万亿美元的规模。ESG在2020年投资规模已经达到35万亿美元，占全球资产总规模的三分之一。中国更是给全球作出榜样，包括普惠金融的应用、"3060 双碳"目标的制定以及金融机构诸多绿色金融方向上的探索等。

政府机构、企业都在努力践行这一点，大家也越来越清楚，社会价值投资这种形式是非常令人受到鼓舞的。犹记得在 2001 年，当时招商银行和一些跨国公司，包括 IBM、施耐德以及国内最早实践企业社会责任的公司一道组成中国企业社会责任同盟。当时，中国绝大部分公司对企业社会责任还没有清晰的概念。到 2004 年，我们在中国第一次推动影响力投资，记得当时在五洲宾馆，由我分享影响力投资，原计划 200 余人的讲座涌入 1000 多人参加，但是当时整个社会对影响力投资还依旧缺乏意识和认知。

习近平总书记指出，"新时代抓发展，必须更加突出发展理念，坚定不移贯彻创新、协调、绿色、开放、共享的新发展理念"[1]。这就要求正确处理经济发展和生态环境保护的关系，把经济活动、人的行为限制在自然资源和生态环境能够承受的限度内，实现经济社会发展和生态环境保护协调统一、人与自然和谐共生。2020 年 9 月，习近平主席在第七十五届联合国大会一般性辩论上向全世界宣布，"中国将提高国家自主贡献力度，采取更加有力的政策和措施，二氧化碳排放力争于 2030 年前达到峰值，努力争取 2060 年前实现碳中和"[2]。这充分表达了中国实现这一战略目标的决心，推动可持续发展的浪潮也一浪高过一浪。

（三）数字化

数字化时代为我们突破可持续发展的金融奠定了良好的生态环境基础。在招商银行工作的时候，我把商业银行当作 IT 企业去运营，那

---

[1] 《习近平生态文明思想学习纲要》，学习出版社、人民出版社 2022 年版，第 50 页。
[2] 《习近平的小康情怀》，人民出版社 2022 年版，第 597 页。

时候还没有互联网，招商银行因此作出很多创新。互联网兴起以后，我们越来越认识到数字金融的重要性。金融机构本质上是个高质量的数据公司，数据是金融的强基因。今天，数据也是整个社会的重要生产资料之一，数字智能化正在推动社会各项事业的发展。

可持续金融也应该在今天的数字化时代，充分利用数据化、智能化来建造良好的平台，同时推动更多相关方面的金融工具不断发展，这是目前的趋势。推动可持续金融，包括影响力投资、ESG 投资，本身需要量化，影响力投资特别强调可量化的社会价值，ESG 也强调信息流，因此，利用数字化推动可持续金融有两个非常重要的工作。

一个是信息披露，企业在社会价值 ESG 方面做得怎么样。香港证券交易所明确要求相关的披露，国内也逐步推动披露事宜。披露使企业在资本市场受到不同待遇，ESG 做得好的企业更容易受到资本的追捧，做得不好的则容易受到资本的冷落。披露需要非常好的数字支持，比如披露的数据是否准确等。盟浪可持续数字科技聚焦评估社会价值、评估 ESG、评估可持续发展，在这方面做了很多工作。

目前，世界范围内著名的评估公司多是评价经济价值，评价社会价值的机构还很缺乏，因此中国需要这样的形式创新。现在的评级和过去的评级有很大不同，可持续发展的价值评估要依托全面、准确、高频、定性和定量相结合的企业数据支持，也要培养壮大我国可持续发展的价值评估产业。我们需要搭建好以数据为支撑的数字化基础设施，从数据源的开发到数据的搜集、清洗、加工和处理，整个过程需要运用各种创新科技手段，提高算力、算法，以及人工智能、区块链、大数据等技术，在这方面我们还有很大的空间。

总而言之，面对可持续发展这个课题，我们在数据时代完全可以利用数据化，创造可持续发展的良好生态环境，推动越来越多的金融资源流向可持续发展各个领域。

二、核心议题

联合国开发计划署（UNDP）在与各国政府和公共部门、开发性金融机构等组织合作的基础上，越来越多地关注与私营部门建立联系，通过充分调动私营部门的力量，更好地提供全球性的公共产品，从而提高资本配置的效力和效率，支持可持续发展。为此，UNDP 倡导公私合作，通过搭建更紧密的政府和公司合作机制，释放有效资本，驱动资源流向实现可持续发展目标的领域。

我国企业在使命层面首先要有创造社会价值的驱动力，进而逐渐推动形成中国特色社会主义市场经济条件下的社会价值投资发展之路。本节针对"乡村振兴""'双碳'目标""科技创新""公共服务""精神文化""公益慈善"等六大核心议题进行分析探讨。将国家顶层纲领的设计与企业可持续经营策略相挂钩，以期对企业开展社会价值投资提供参考借鉴作用[①]（见图 3-2）。

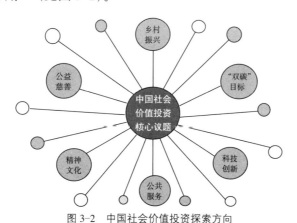

图 3-2　中国社会价值投资探索方向

资料来源：《扎实推动共同富裕》《必须实现高质量发展》，编者整理。

[①] 《扎实推动共同富裕》《必须实现高质量发展》对新时期我国社会经济发展方向和要求进行了阐述，基于此，筛选出中国社会价值投资的六个探索方向。

（一）乡村振兴

全面推进乡村振兴的资金主要来自政府财政拨款、金融机构支持和社会资本投入。2022 年 5 月，农业农村部办公厅、国家乡村振兴局综合司共同发布了《社会资本投资农业农村指引（2022 年）》（简称《投资指引》），在顶层设计层面指引社会资本全面参与农业农村发展，以及乡村振兴与农业农村现代化建设。在重点产业领域上，鼓励在乡村富民产业、农业农村绿色发展、农业科技创新、数字乡村和智能农业建设、农村创业创新等领域通过社会资本投入的方式促进农业农村经济转型升级。在投入方式上，鼓励通过政府和社会资本合作（PPP），创新社会资本投入乡村振兴方式，培育一批适于采取 PPP 模式的、有稳定收益的公益性项目，让社会资本投资可预期、有回报、能持续。同时，鼓励社会资本探索通过资产证券化、股权转让等方式，盘活项目存量资产，丰富资本进入退出渠道。

大力发展数字乡村是乡村振兴的战略方向。需要聚焦乡村产业振兴、社会力量参与、农民主体地位三者的有机统一，提升各方积极性与融合度，才能更好激发数字乡村内生发展动力[①]。

社会组织参与乡村振兴建设，需要从结对帮扶国家乡村振兴重点县、打造具有可持续性和影响力的乡村振兴公益品牌、聚焦重点区域和重点领域开展社会组织乡村行活动这三大方向上进行重点部署[②]。

[①] 中央网信办等十部门联合出台的《数字乡村发展行动计划（2022—2025 年）》对 2023 年数字乡村阶段性发展目标和 2025 年数字乡村重要进展目标进行了统筹谋划。到 2023 年，在网络帮扶、农村互联网普及、农业生产信息化、"互联网 +"、乡村公共服务与治理效能等领域将持续提升。到 2025 年，促进智慧农业、农业生产经营数字化、农村电商、乡村网络文化、数字化治理体系不断深入完善。

[②] 细则参见国家乡村振兴局、民政部于 2022 年 5 月出台的《社会组织助力乡村振兴专项行动方案》。

从政策趋势来看，以资本流向、金融需求和资源投入三个维度对若干主要政策进行拆解（见表3-4），可以发现：

表3-4 社会价值投资助力"乡村振兴"重点方向①

时间	政策	分类	政策内容	重点方向
2021年11月	国务院印发《"十四五"推进农业农村现代化规划》	资本流向	引导社会资本投向农业农村	引导工商资本投入现代农业、乡村产业、生态治理、基础设施和公共服务建设
		金融需求	引导社会资本投向农业农村；健全农村金融服务体系；乡村振兴金融服务行动	（1）银行业金融机构把农村基础设施建设作为投资重点，拓展乡村建设资金来源渠道；（2）农业信贷、新增可贷资金支持县域发展、农产品收入保险、农业再保险；（3）优化扩大县域金融机构网点及产品和服务
		资源投入	促进科技与产业深度融合；农业科技创新能力建设	（1）农业科技社会化服务体系、科技推广服务云平台；（2）乡村公益发展
2022年5月	中共中央办公厅、国务院办公厅印发《关于推进以县城为重要载体的城镇化建设的意见》	资本流向	多元可持续的投融资机制	社会资金参与县城建设、规范推广政府和社会资本合作模式等
		金融需求	多元可持续的投融资机制	县域综合金融服务水平
		资源投入	商贸流通网络；养老托育服务；数字化改造	（1）社会力量布设智能快件箱；（2）建设完善社区居家养老服务网络，综合托育服务机构和社区托育服务设施；（3）智慧县城

---

① "资源投入"维度基于科技企业视角，下同。

续表

时间	政策	分类	政策内容	重点方向
2022 年 5 月	中共中央办公厅、国务院办公厅印发《乡村建设行动实施方案》	资本流向	引导社会力量参与；乡村公共基础设施	(1) 规范有序推广政府和社会资本合作模式；(2) 鼓励社会资本和专业化企业有序参与农村公共基础设施管护
		金融需求	创新金融服务	金融科技赋能、乡村建设融资渠道等
		资源投入	引导社会力量参与；数字乡村建设	(1)"万企兴万村"行动，大力引导和鼓励社会力量投入乡村建设；(2) 数字技术与农村生产生活深度融合
2023 年 1 月	《中共中央　国务院关于做好 2023 年全面推进乡村振兴重点工作的意见》发布	资本流向	农业经营增收	社会资本投资农业农村指引；资本下乡引入、使用、退出的全过程监管
		金融需求	乡村振兴多元投入机制	(1) 政府投资与金融、社会投入联动；(2) 金融和社会资本按市场化原则更多投向农业农村；(3) 金融机构增加乡村振兴相关领域贷款投放；(4) 发挥多层次资本市场支农作用，优化"保险＋期货"
		资源投入	乡村基础设施建设；培育乡村新产业新业态	(1) 数字乡村发展行动，推动数字化应用场景研发推广；(2) 农业农村大数据应用，推进智慧农业发展；(3)"数商兴农"和"互联网＋"农产品出村进城工程
2023 年 4 月	中央网信办等五部门联合印发《2023 年数字乡村发展工作要点》	资本流向	—	—

续表

时间	政策	分类	政策内容	重点方向
2023 年 4 月	中央网信办等五部门联合印发《2023 年数字乡村发展工作要点》	金融需求	农村数字金融普惠服务	农村信用体系建设、金融科技赋能乡村振兴、数字普惠金融、数字技术改善农村普惠金融服务等
		资源投入	县域数字经济；智慧农业；乡村治理数字化水平；乡村数字普惠服务等	(1)"互联网+"农产品出村进城、县域商业建设等；(2)农业全产业链数字化等；(3)农村党务政务村务信息化、农村社会综合治理数字化等；(4)"互联网+教育"等
2023 年 6 月	中国人民银行、国家金融监督管理总局等五部门联合发布《关于金融支持全面推进乡村振兴　加快建设农业强国的指导意见》	资本流向	种业振兴；县域富民产业发展；农业关键核心技术攻关	(1)创业投资基金资金投入；(2)满足县域产业园区建设和企业发展；(3)农业产业化基金、农业科技创新投资基金
		金融需求	粮食和重要农产品金融服务；农业科技装备和绿色发展；乡村产业；城乡融合发展；脱贫攻坚；农业强国；农村基础金融服务	(1)基础设施融资、种业振兴、多元化食物供给体系等；(2)核心技术攻关、研发融资、农业绿色发展等；(3)农产品加工流通、乡村服务业和新产业新业态、县域富民产业等；(4)基础设施、基本公共服务、县域消费金融等；(5)脱贫地区和人口、定点帮扶等；(6)多元化金融、保险保障等；(7)数字普惠金融、信用体系建设、金融消费权益保护等
		资源投入	现代乡村服务业和新产业新业态；基础功能；定点帮扶	(1)"数商兴农"和"互联网+"农产品出村进城；(2)农业农村基础设施、农业科技创新等；(3)金融组织与社会协同

资料来源：编者整理。

第一，鼓励资本流向乡村特色优势产业、农业关键核心技术攻关、县域发展与公共服务建设等领域。

第二，鼓励金融配置乡村振兴金融服务、数字金融、乡村产业、可持续投融资、县域商业体系与综合金融服务等方向。

第三，鼓励资源投入科技与产业融合、乡村公益发展、"万企兴万村"行动、县域商业体系与数字化、数字化与信息化、金融科技赋能、农村移动支付服务下沉、数字乡村建设等领域。

企业在探索社会价值投资助力乡村振兴中可以发挥更大功能，但需要做好与政府、金融机构和农民的有效合作，通过创新合作机制推动目标达成。

第一，与政府的合作。乡村振兴是国家长期战略，社会价值投资需要聚焦乡村产业长期发展中的难点与痛点，以长期思维审视投资财务回报与社会价值回报的综合效益。

第二，与金融机构的互动。将企业优势赋能与金融资源优化配置中的各种需求形成呼应与互补，在金融服务乡村振兴中发挥提质增效的作用。

第三，与农民的收益共享。社会价值投资需要坚持共治、共享与共益，将财务回报与农民收入、社会价值回报与"三农"社会效益充分挂钩，探索共赢机制，共享发展成果。

> **专家观点**　**围绕乡村振兴，数字企业如何发挥好"科技＋资金"双轮驱动作用？**

张博辉：当下，普惠金融是很重要的议题，亟待解决的是农户或中小企业融资难、融资贵的问题，这就需要进行信任构建。而信任构建需要信息，寻找信息是整合数据的过程，因此我们提到要构建数字足迹。

简而言之，从数字足迹到数字资产再到数字财富，这需要一个过程，数字企业既是服务提供者也是客户，未来可以探索参与者数据入股等形式，以"科技＋资金"探索更多可能性。

任颋：乡村振兴中对金融的需求主要来自普惠性或者说包容性，技术上需要适配的风险控制手段来保障。这是科技企业在协调"科技＋资金"的过程中需要发挥优势的地方。像腾讯这样的数字化平台企业，因其承载大量行为轨迹数据，可以比较有效地测算出个人的信用画像，这有助于和金融机构相结合，为个人和小微企业提供资金支持。例如，微众银行等互联网金融机构借助数字化和科技的力量，在这方面积累了宝贵的经验。从更广的角度来看，数字化赋能乡村振兴，包括对乡村各方面资源的整合，都需要社会价值的共创，需要孵化大量的社会主体和市场主体参与其中，而通过发挥"科技＋资金"的引擎和驱动作用，可以极大地释放市场主体在乡村振兴进程中的社会价值创造效应。

刘力：在金融助力乡村振兴上，数字企业可以结合其所长，发挥生态和技术等方面的优势。一方面，利用大数据、云计算、人工智能等技术助力完善农村信用基础设施，降低信息不对称引起的服务门槛；另一方面，进行模式创新，借助公益资金的创新探索推动社会价值共创，助力乡村振兴。

李孜：产业到县，商业到镇，服务到村，金融和资金的流入对于县域乡镇的发展和壮大，对于其融入整个城市群、融入国内大循环至关重要，而科技力量则可以打通堵点，推动新的创新。期待未来一起探索，一起发现，一起创新，跑出更多区域和行业模式，如支持县域产业发展（如光伏发电融资）、乡镇商业繁荣（如小贷与保险助力中小商户）、乡村脱贫保底（如大病与上学保险）等。

（二）"双碳"目标

2021 年 9 月至 10 月间，我国先后出台《中共中央　国务院关于完整准确全面贯彻新发展理念做好碳达峰碳中和工作的意见》《2030 年前碳达峰行动方案》，为实现"双碳"目标初步形成了自上而下的"1+N"政策框架体系。在政策引导下，探索适用于我国发展的社会价值投资模式，统筹各类金融资源，发挥资金、资源对产业结构、企业发展、建筑交通、农业生产等各领域低碳转型的赋能，以高水平生态文明建设推动实现共同富裕。

社会资本参与生态建设提上发展议程。2021 年 11 月，国务院办公厅印发的《关于鼓励和支持社会资本参与生态保护修复的意见》，明确了促进社会资本参与生态建设的具体细则：在投资方式上，以自主投资、政府合作、公益参与的模式为主；在投资原则上，强调构建持续回报和合理退出机制，实现社会资本进得去、退得出、有收益，同时畅通社会资本参与和获益渠道，创新激励机制、支持政策和投融资模式，激发社会资本投资潜力和创新动力。可以看到，政策引导方向符合社会价值投资理念，为社会价值投资在生态发展上的应用提供了理论支持。

社会资本在气候投融资中将发挥更加关键的作用。我国气候资金需求和供给矛盾普遍突出，根据国家应对气候变化战略研究和国际合作中心测算，为达到碳中和目标，到 2060 年我国应对气候变化的年均投资需求规模约 3.48 万亿元，资金缺口巨大。但我国气候投融资体制机制尚未健全、ESG 投资动力疲弱等因素抑制了正外部性的释放。政府一方面需要不断投入更多公共资金，主动突破体制机制障碍；另一方面也要强化模式和工具创新，撬动金融机构和民间资本力量，引导资金流向重点领域①。

---

① 2021 年 12 月，生态环境部、国家发展改革委等九部门编制的《气候投融资试点工作方案》在引导和促进更多资金投向应对气候变化领域的投融资活动上将发挥积极作用。

表 3-5　社会价值投资助力"双碳"目标重点方向

时间	政策	分类	政策内容	重点方向
2021 年 9 月	《中共中央　国务院关于完整准确全面贯彻新发展理念做好碳达峰碳中和工作的意见》	资本流向	完善支持社会资本参与政策	绿色低碳投资，鼓励社会资本设立绿色低碳产业投资基金，"一带一路"投资合作绿色转型
		金融需求	积极发展绿色金融	绿色低碳金融产品和服务开发、长期稳定绿色融资、绿色债券、绿色金融标准体系等
		资源投入	绿色低碳重大科技攻关和推广应用；产业结构调整；绿色生产生活方式；低碳交通运输体系	(1) 绿色低碳科技创新、前沿技术攻关；(2) 新兴技术与绿色低碳产业融合、城乡建设绿色低碳转型、工业数字化转型；(3) 绿色低碳产品供给和消费、绿色低碳社会行动示范创建；(4) 智能交通、低碳出行等
2021 年 10 月	国务院印发《2030 年前碳达峰行动方案》	资本流向	推进绿色"一带一路"建设	"一带一路"绿色投资，鼓励社会资本以市场化方式设立绿色低碳产业投资基金等
		金融需求	开展绿色金融合作	绿色金融国际合作、碳定价机制和绿色金融标准体系、各类绿色金融工具发展等
		资源投入	绿色低碳生活方式；企业履行社会责任；绿色低碳科技创新；工业领域绿色低碳发展	(1) 绿色低碳社会行动示范、绿色消费；(2) 企业绿色低碳发展；(3) 前沿科技项目、科技支持"双碳"项目、人才培养；(4) 工业领域数字化智能化绿色化融合发展

时间	政策	分类	政策内容	重点方向
2021 年 11 月	国务院办公厅印发《关于鼓励和支持社会资本参与生态保护修复的意见》	资本流向	社会资本参与生态建设	自然（生物多样性保护）、农田、城镇、矿山、海洋及生态产业等
		金融需求	绿色金融	绿色金融产品、绿色资产证券化等
		资源投入	科技创新；生态产业	(1) 生态保护修复科技创新；(2) 水资源利用、生态农业、技术服务、品牌建设等
2021 年 12 月	生态环境部等九部门编制《气候投融资试点工作方案》	资本流向	气候变化领域的投资	(1) 减缓气候变化：调整产业结构，发展战略性新兴产业；(2) 适应气候变化：提高农业、水资源、林业和生态系统，防灾减灾救灾等重点领域适应能力等
		金融需求	产业金融；绿色金融、碳金融	(1) 连接产业链各环节的金融和技术供给、低碳产业和技术发展；(2) 碳金融产品开发与对接、碳金融服务等
		资源投入	适应气候变化	基础能力建设，加快基础设施建设、提高科技能力等
2022 年 1 月	国家发展改革委等部门联合印发《促进绿色消费实施方案》	资本流向	完善绿色消费激励政策	鼓励社会资本以市场化方式设立绿色消费相关基金
		金融需求	加大金融支持力度	绿色消费金融服务、绿色债券发行（金融机构和非金融企业）、新能源汽车保险、绿色建筑保险等

续表

时间	政策	分类	政策内容	重点方向
2022 年 1 月	国家发展改革委等部门联合印发《促进绿色消费实施方案》	资源投入	绿色消费科技；社会共治；宣传教育	（1）先进绿色低碳技术；（2）社会各方面积极性主动性创造性；（3）绿色消费社会文化、绿色消费主体活动等
2022 年 5 月	财政部印发《财政支持做好碳达峰碳中和工作的意见》	资本流向	市场化多元化投入	社会资本以市场化方式设立绿色低碳产业投资基金、生态环境领域 PPP 等
		金融需求	国际合作	（1）稳定气候融资渠道，继续争取国际金融组织对我国的技术、资金、项目援助；（2）参与国际可持续披露准则制定等
		资源投入	绿色低碳科技创新和基础能力建设；市场化多元化投入	（1）低碳节能技术研发及应用、防灾减灾抗灾救灾能力、"双碳"实现路径研究；（2）传统产业绿色转型
2022 年 6 月	科技部等九部门联合印发《科技支撑碳达峰碳中和实施方案（2022—2030 年)》	资本流向	碳达峰碳中和创新项目	引导地方、企业和社会资本联动投入，支持关键核心技术研发项目和重大示范工程落地
		金融需求	绿色低碳科技企业培育与服务；绿色低碳科技金融	（1）促进绿色低碳科技企业与科技、金融等要素市场对接；（2）引导贷款、债券、天使投资、创业投资企业等支持低碳技术创新成果转化

时间	政策	分类	政策内容	重点方向
2022 年 6 月	科技部等九部门联合印发《科技支撑碳达峰碳中和实施方案（2022—2030 年)》	资源投入	科技创新和技术攻关	能源绿色低碳转型、低碳与零碳工业流程再造、建筑交通低碳零碳、负碳及非二氧化碳温室气体减排、前沿颠覆性低碳、低碳零碳、绿色低碳科技企业培育

资料来源：编者整理。

通过对"双碳"领域若干主要政策进行拆解（见表 3-5），可以发现：

首先，鼓励社会资本投入产业绿色低碳转型、"一带一路"绿色投资、生态建设 PPP、气候变化应对、关键核心技术研发等领域。

其次，鼓励金融资源助力绿色金融发展，在产品、服务、资金、制度、国际合作等多个层面针对不同领域不断创新应用。加速碳金融的发展，在高能耗行业对碳金融产品、服务、技术实现各环节畅通，促进产业链转型发展。

最后，鼓励企业资源投入绿色低碳技术创新、产业链绿色转型助力、绿色生活方式培养、前沿科技发展及人才支持、绿色工业数字化提升、生态产业与农业、基础设施信息化、灾害数字化应对等众多领域。

综合来看，在迈向"双碳"目标的过程中，合理充分调动资金需要各方共同努力。这要求企业明确自身的社会价值定位，结合自身优势探索社会价值投资可行领域，促进生态建设与"双碳"目标协同共进。

（三）科技创新

科技创新是畅通我国国内大循环的关键。党的十九大报告对当前我国社会主要矛盾作出与时俱进的新表述，强调"中国特色社会主义进入新时代，我国社会主要矛盾已经转化为人民日益增长的美好生活需要和不平衡不充分的发展之间的矛盾"①。解决我国社会主要矛盾，必须积极推动经济高质量发展，提升发展质量和效益，着力破解发展不平衡不充分问题，更好满足人民群众个性化、多样化、高端化的美好生活需要，推动人的全面发展和社会全面进步。时任国务院副总理刘鹤于2021年11月《人民日报》发表的《必须实现高质量发展》文章中指出，现阶段经济发展的硬约束条件明显增多，在面临一系列复杂问题和发展障碍时，高质量发展和科技创新是多重约束条件下求最优解的过程。

科技创新引领高质量发展的实现需要对我国经济运行供给侧进行结构性改革，主动提升供给水平和质量以创造新需求，增强资本、金融、社会资源服务实体经济可持续发展的能力，最终实现"科技—产业—金融"的高水平循环。

保证"科技—产业—金融"发展循环的畅通须重点围绕四方面展开：（1）金融支持科技创新，社会资本投资创新创业；（2）金融机构科技创新服务体制机制，科技金融业务发展；（3）金融支持创新发展实验平台，私募股权、创业投资股份转让、交易；（4）国家级科创金融试验区建设，金融支持原始创新、技术创新和产业创新。

开展本地化趋势的社会价值投资是更好地实现社会共创的路径，将"共创、共享、共益"的理念充分融入参与科技创新的企业、平台、政府部门、用户等主体中，构建科技创新下的价值共创生态体系至关重要。因此，社会价值投资助力科技创新的方向与"科技—产业—金融"循环的定位紧密相关。一方面，社会资本要在助力实体经济发展上发挥坚实作用，包括科技产业发展与转型助力、科技创新创业等，不断强化金融与实体经济协调共进的能力；另一方面，要形成以企业

---

① 《习近平著作选读》第二卷，人民出版社2023年版，第9页。

为主体的创新机制，积极发挥大企业引领支撑作用，在新技术新产业应用、产业链优化升级、产业数字化转型、数字社会治理、前沿数字科技、数字乡村与基层智慧治理、公共服务数字化等领域实现对创新的赋能（见表3-6）。

表3-6　社会价值投资助力"科技创新"重点方向

时间	政策	分类	政策内容	重点方向
2021年11月	《人民日报》刊登《必须实现高质量发展》	资本流向	供给侧结构性改革	资本市场成为推动科技创新和实体经济转型升级的枢纽
		金融需求	供给侧结构性改革	实体经济与金融协调发展，实现"科技—产业—金融"的高水平循环
		资源投入	新发展格局；创新驱动发展	（1）为新产品新技术新业态迭代提供应用场景，推动供应链产业链优化升级；（2）技术创新驱动、加强基础研究
2021年12月	中央网络安全和信息化委员会印发《"十四五"国家信息化规划》	资本流向	智慧养老服务；核心技术和战略性新兴产业	（1）养老数据资源体系建设；（2）市场化构建产业资金、社会资本参与的投融资体系
		金融需求	创新发展体系；传统产业优化升级；产业数字化转型；数字普惠金融服务行动	（1）产融合作，探索直接投资、间接融资平衡发展的金融政策；（2）产业链金融新业态；（3）普惠金融、金融科技；（4）数字金融基础设施、金融服务百姓民生、金融支持实体经济等
		资源投入	"十大重点任务"；"十大优先行动"	（1）产业数字化转型发展、数字社会治理、数字民生保障；（2）全面数字素养、前沿数字技术、基层智慧治理、数字乡村发展、数字普惠金融、智慧养老服务等

续表

时间	政策	分类	政策内容	重点方向
2022 年 1 月	科技部、浙江省人民政府联合印发《推动高质量发展建设共同富裕示范区科技创新行动方案》	资本流向	深化科技金融	引导社会资本投资创新创业
		金融需求	深化科技金融	科技金融，科技、产业、金融循环发展，金融支持科技创新及特色金融服务，金融支持创新发展实验平台，金融支持原始创新、技术创新和产业创新等
		资源投入	科技赋能民生改善；创新驱动高质量发展；全球人才	(1) 数字赋能公共服务普惠均等，科技赋能乡村振兴，绿色低碳科技创新支持；(2) 产业链企业创新联合，驱动科技成果向现实生产力转化，核心技术攻关；(3) 人才引育等
2022 年 3 月	科技部等九部门联合印发《"十四五"东西部科技合作实施方案》	资本流向	"科技支宁"，建设东西部科技合作引领区	引入东部省市战略投资宁夏科技园区
		金融需求	—	—
		资源投入	科技支援西部发展	支持新疆"双碳"科技行动，支持西藏生态可持续发展科技支撑、农牧业科技成果转化，支持青海农业科技发展、支持云南生物多样性技术保护、支持宁夏科技园区建设、支持内蒙绿色发展科技建设、支持贵州数字创新与合作等

资料来源：编者整理。

（四）公共服务

我国公共服务发展不平衡不充分的问题仍然存在。我国公共服务体系建设在过去一个时期取得了较大发展，城乡区域基本公共服务、综合供给保障能力、生活服务业态均得到显著提升。然而，迈向高质量发展阶段，社会主要矛盾发生转化、人口结构老龄化加速等新的社会问题与挑战逐渐凸显。

面对新挑战，2022 年 1 月出台的《"十四五"公共服务规划》对构建政府保障基本、社会多元参与、全民共建共享的公共服务供给格局提出了新要求，要持续推进基本公共服务均等化，多元扩大普惠性非基本公共服务供给，丰富多层次多样化生活服务供给，切实兜牢基本民生保障底线，稳步提升公共服务保障水平，不断满足人民群众美好生活需要，努力增进全体人民的获得感、幸福感、安全感，促进人的全面发展和社会全面进步。

基本公共服务、普惠性非基本公共服务和生活服务的多样化供给不完全由政府包办，推动政府和社会资本资源在公共服务领域的合作有助于培育创新发展新动力。

《"十四五"公共服务规划》界定了基本公共服务与非基本公共服务的范围，明确了政府和社会的权责边界。一方面，基本公共服务供给主体以政府为主，强调服务的均等化，包括义务教育、就业社保、医疗卫生、养老服务、住房保障、文化体育、社会服务等重点领域；另一方面，非基本公共服务供给则需要充分发挥市场和社会组织等各种社会力量的广泛参与，强调服务的普惠性，在养老、托育、教育、医疗等领域提供普惠性服务供给。同时，突出生活服务多元化市场资源配置功能，在健康、养老、托育、文化、旅游、广电、体育、家政等领域鼓励和引导社会力量增加市场服务供给，促进行业可持续发展（见表 3-7）。

表 3-7　社会价值投资助力"公共服务"重点方向

时间	政策	领域	分类	政策内容	重点方向
2021 年 8 月	国务院印发《"十四五"就业促进规划》	就业	资本流向	资金保障	健全就业领域投融资机制，进一步拓宽资金渠道，引导带动金融资本和社会资本在多方面发挥更大作用
			金融需求	中小微和个体就业；制造业高质量就业	（1）加强融资支持力度，加强普惠金融服务；（2）引导金融机构扩大制造业中长期融资
			资源投入	职业技术教育；职业技能培训	（1）社会力量兴办高质量职业技术教育；（2）探索"互联网＋职业技能培训"
2021 年 9 月	国务院办公厅印发《"十四五"全民医疗保障规划》	医疗	资本流向	—	—
			金融需求	—	—
			资源投入	智慧医保；医疗卫生服务体系；医疗救助	（1）"互联网＋医疗健康"医保服务；（2）远程医疗、互联网诊疗等服务新模式新业态；（3）慈善等社会力量参与救助保障
2021 年 12 月	国务院办公厅印发《"十四五"城乡社区服务体系建设规划》	公共服务	资本流向	数字服务新场景；政策保障	（1）社会资本投资建设智慧社区；（2）以慈善捐赠等方式将社会资金投向城乡社区治理领域
			金融需求	—	—

续表

时间	政策	领域	分类	政策内容	重点方向
2021年12月	国务院办公厅印发《"十四五"城乡社区服务体系建设规划》	公共服务	资源投入	多方参与格局；便民服务；社区服务数字化	(1) 社会力量参与社区服务，社会组织承接政府购买服务；(2) 社会力量发展社区托育、养老等服务业态；(3) 多方参与建设智慧社区，"互联网+"与社区政务、社区商业、基层治理、适老化等
2022年1月	国家发展改革委等部门联合印发《"十四五"公共服务规划》		资本流向	普惠型养老	基础设施改造后用于养老服务等
			金融需求	降低服务成本；生活服务品牌培育；财力要素保障	(1) 金融支持普惠性非基本公共服务供给主体降低成本；(2) 基于品牌商标权、专利权质押贷款；(3) 公共服务项目融资
			资源投入	社会力量参与；扩大普惠性非基本公共服务供给；城乡区域协调发展；社会组织发展；新技术创新应用	(1) 以公建民营、政府购买服务、PPP等方式参与公共服务供给；(2) 加强养老、托育、教育、医疗等领域普惠性规范性服务供给；(3) 兴办农村公益；(4) 面向社区居民提供公共服务的社区组织；(5) 数字化服务普惠应用

续表

时间	政策	领域	分类	政策内容	重点方向
2022 年 2 月	国家卫健委等部门联合发布《"十四五"健康老龄化规划》	养老	资本流向	政府主导，全民行动；医养结合服务供给；加大投入力度	（1）政府主导，社会资本参与，构建多层次、多样化老年健康服务体系；（2）社会资本举办医养结合机构；（3）慈善捐助等多元资金提供普惠性老年健康和医养结合服务等
			金融需求	—	
			资源投入	居家（社区）照护服务；老年医疗卫生机构；健康老龄化的科技和产业发展	（1）社会力量参办护理站，提供居家健康服务；（2）社会力量参与社区护理站建设；（3）科技助老产品与研究、产业可持续发展等
	国务院印发《"十四五"国家老龄事业发展和养老服务体系规划》		资本流向	—	
			金融需求	金融支持养老服务；老年人普惠金融	（1）养老服务机构多样化融资，保险资金投资养老服务；（2）金融机构养老金融产品开发

续表

时间	政策	领域	分类	政策内容	重点方向
2022年 2月	国务院印发《"十四五"国家老龄事业发展和养老服务体系规划》	养老	资源投入	普惠养老服务；老年康养；老年人文体生活；数据支撑；老年用品科技化升级；银发经济	(1) 社会力量建设专业化养老机构；(2) 开办社区护理站；(3) 旅居养老旅游服务，养老数据资源体系共建；(4) 老年科技深度应用与成果转化；(5) 适老产品研发、科技化、普惠金融服务等
	国务院印发《"十四五"国家应急体系规划》	应急	资本流向	行业救援水平	建立政府、行业企业和社会各方多元化资金投入机制
			金融需求	—	—
			资源投入	应急管理基础建设；应急预案管理；协同高效治理模式；灾害共建共治共享体系；安全文化；安全应急产业	(1) 社会力量能力建设；(2) 应急预案数字化管理体系；(3) 政府与社会组织、企业合作模式探索；(4) 社会应急全流程精准化管理；(5) 社会资源参与安全文化建设，互联网科普宣教培训；(6) 社会资源投向安全应急产品与服务，推动产业中高端转型
2022年 1月	教育部等部门《"十四五"特殊教育发展提升行动计划》	教育	资本流向	特殊教育经费投入	引导社会力量兴办特殊教育学校，鼓励社会组织捐资助学

续表

时间	政策	领域	分类	政策内容	重点方向
2022年1月	教育部等部门《"十四五"特殊教育发展提升行动计划》	教育	金融需求	—	—
			资源投入	推进融合教育	特殊教育智慧校园、智慧课堂建设
2022年5月	民政部等部门印发《关于深入推进智慧社区建设的意见》	公共服务	资本流向	智慧社区建设资金投入	社会力量参与"互联网+社区服务"
			金融需求	—	—
			资源投入	保障支持；社区数字生活；大数据社区应用；智慧社区治理	（1）数字化支撑下的线下服务功能；（2）各类生活场景的数字化、数字社区生活、数字技能教育培训；（3）数字技术辅助决策；（4）社区智能应用、基础设施建设

资料来源：编者整理。

在就业方面，支持社会力量兴办高质量职业技术教育，增强职业技术教育适应性。引导带动金融资本和社会资本在多个方面发挥作用。

在社区方面，鼓励社会资本资源配置到社区治理相关领域，包括智慧社区、社区托育与养老、"互联网+"融合社区政务、社区商业、基层治理、适老化等。鼓励社会力量参与"互联网+社区服务"，用数字化赋能生活场景拓展、社区建设、技能教育、管理决策等。

在医疗方面，鼓励社会力量参与救助保障，重点包括"互联网+医疗健康"医保服务、远程医疗、互联网诊疗服务等新模式、新业态探索。

在养老方面，鼓励社会力量提供普惠性老年健康和医养的结合，居家、社区健康护理，科技助老等产品和服务供给。

在应急方面，支持政府与社会组织、企业合作模式的探索，包括数字化赋能应急管理系统、安全文化建设、科普宣教培训，以及安全应急产品与服务等领域。

在教育方面，支持兴办特殊教育学校，鼓励社会组织捐资助学，聚焦特殊教育智慧校园、智慧课堂建设等。

社会力量参与公共服务的共建共治，将资本投入合理的经济与正向的社会价值回报，是保障可持续的关键。

可持续，一方面指对服务供给能力的可持续性，另一方面指保障后续服务实施的可持续性。公共服务的可持续供给与再分配力度体现人民富裕的共享程度，如何使"共享"和"共富"更加可持续，也是扎实推动共同富裕的题中之义。

以社会价值投资模式创新夯实可持续的运行机制，促进企业与社会力量在参与公共服务中实现良性合作，满足各领域多元化的综合发展要求，最终推动公共服务和共同富裕更加可持续。

（五）精神文化

物质生活富裕和精神生活富裕是共同富裕的两个重要维度，两者相互融合、相互促进。中国式现代化是全体人民共同富裕的现代化，物质富足、精神富有是社会主义现代化的根本要求。在促进精神生活共同富裕中，强化社会主义核心价值观引领、健全精神文化服务体系、推动文化产业大发展大繁荣是关键。2022 年 5 月，中共中央政治局就深化中华文明探源工程进行第三十九次集体学习，强调要增强历史自觉、坚持文化自信，提出要积极推进文物保护利用和文化遗产保护传承，挖掘文物和文化遗产的多重价值，从更多承载着中华民族基因和血脉的文物和文化遗产中寻找源头活水。

文化数字化战略是服务于2035国家文化强国目标的重要举措，也是把握好精神生活共同富裕的重要内容。中共中央办公厅、国务院办公厅于2022年5月印发《关于推进实施国家文化数字化战略的意见》，对公共文化数字化建设和文化产业数据库、基础设施、数据服务平台建设，以及数字化层面的文化机构转型升级、文化消费新场景、产业化布局、公共文化服务、文化治理体系等进行具体部署。

在数字化时代，互联网触动的是消费新场景，数字化撬动的是生产新动能，以供给端文化生产与需求端消费场景的数字化融合作为出发点，将推动实现文化数字化全民共享和整体社会效益的提升。

坚持社会效益优先，经济效益与社会效益相统一，符合文化服务体系下市场经济供求关系的发展要求，同时契合文化产业兼顾意识形态属性和市场属性的本质特点。社会力量积极参与精神文化建设，探索社会价值投资的本土化实践，应把握以下趋势（见表3-8）：

第一，精神文化建设根基在于文化，在新一轮科技浪潮下，推进文化和科技的深度融合，以先进适用技术建设社会主义先进文化，重塑文化生产传播方式。

第二，精神文化建设覆盖、交织于中国特色社会主义现代化建设的各个领域，在乡村振兴、公共服务等细分方向做好跨领域、跨地域的统筹共进至关重要。

第三，精神文化传播与旅游市场推广相辅相成、互相促进，优先社会效益并兼顾经济发展利益的综合发展模式有助于推动全面共同富裕。

第四，精神文化建设需要打造具有时代性的社会主义核心价值观传播路径，以数字化、普惠性、归属感作为社会共识的最大公约数，促进人民群众精神生活深层互动。

表 3-8 社会价值投资助力"精神文化"重点方向

时间	政策	分类	政策内容	重点方向
2021 年 8 月	中共中央办公厅、国务院办公厅印发《关于进一步加强非物质文化遗产保护工作的意见》	资本流向	—	
		金融需求	财税金融支持	鼓励和引导金融机构加强对非物质文化遗产的金融服务
		资源投入	非物质文化遗产保护传承	完善调查记录体系、融入国家重大战略、加大传播普及力度等
2021 年 11 月	文化和旅游部、浙江省人民政府联合印发《关于高质量打造新时代文化高地推进共同富裕示范区建设行动方案（2021—2025 年）》	资本流向	文化和旅游融合发展	投融资体系建设，投融资数字服务平台
		金融需求	文化和旅游融合发展	投资机构、金融机构与文化和旅游企业有机对接
		资源投入	公共文化服务惠民力度；公共文化服务供给机制；城乡居民文旅参与；文化产业国际合作竞争新优势；数字化改革	（1）老年人、未成年人、残疾人、农民工等特殊群体文化供给的精准性；（2）社会力量兴办公共文化服务、管理公共文化机构运行机制探索；（3）特殊群体免费或低价享受文化服务；（4）民营企业拓展海外市场；（5）智慧文旅、文物数字化保护
2022 年 4 月	文化和旅游部等部门联合印发《关于推动文化产业赋能乡村振兴的意见》	资本流向	培育壮大市场主体；加强项目建设；组织实施	（1）鼓励不同行业企业和民间资本通过多种形式投资乡村文化产业；（2）引导各类投资机构投资乡村文化和旅游项目；（3）引导文化和旅游企业到西部地区开展投资合作，助力西部地区乡村振兴
		金融需求	加强项目建设和金融支持	通过"保本微利"对乡村文化和旅游项目提供长周期、低成本资金在内的综合性优质金融服务支持。鼓励金融机构为文旅经营主体提供信贷支持、保险机构为乡村文化和旅游项目提供保险服务等

续表

时间	政策	分类	政策内容	重点方向
2022 年 4 月	文化和旅游部等部门联合印发《关于推动文化产业赋能乡村振兴的意见》	资源投入	数字文化赋能；文旅融合；资源保护；组织实施	（1）发挥平台和技术优势，赋能乡村数字文化产品打造、乡村优秀传统文化资源挖掘、社交电商直播带货销售等领域；（2）文旅融合新业态新模式探索，乡村文化遗产与非遗保护；（3）鼓励公益组织、公益基金等积极参与文化产业赋能乡村振兴工作
2022 年 5 月	中共中央办公厅、国务院办公厅印发《关于推进实施国家文化数字化战略的意见》	资本流向	调整优化投入	调动市场力量，引导社会资本积极、有序参与文化数字化建设等
		金融需求	加大金融支持力度	鼓励金融机构开发适应文化数字化建设特点和需求的信贷产品，支持符合科创属性的数字化文化企业在科创板上市融资等
		资源投入	重点任务	中华文化数据库，文化数字化算力服务，文化资源服务与文化数字内容，机构数字化升级，数字文化消费新场景，公共数字文化服务，新型文化业态与产业数字化等
2022 年 8 月	中共中央办公厅、国务院办公厅印发《"十四五"文化发展规划》	资本流向	加强资金支持	推广文化和旅游领域政府和社会资本合作模式，鼓励社会资本设立有关基金等
		金融需求	建设高标准文化市场体系	与文化产业发展相适应的金融产品与服务创新，探索文化金融服务中心模式，为文化企业提供综合性金融服务

续表

时间	政策	分类	政策内容	重点方向
2022 年 8 月	中共中央办公厅、国务院办公厅印发《"十四五"文化发展规划》	资源投入	推动科技赋能文化产业；提升公共文化数字化水平；加快文化产业数字化布局；加强文物利用保护	（1）文化产业技术标准、关键技术研发、高端文化装备技术瓶颈、新技术改造提升产业链、内容生产和传播手段现代化；（2）公共文化数字化工程、城乡数字鸿沟；（3）文化资源存量和增量的数字化；（4）文物科技创新

资料来源：编者整理。

（六）公益慈善

公益慈善事业与第三次分配紧密相关，是推动实现共同富裕的重要途径。

中央财经委员会第十次会议首次将第三次分配纳入基础性制度安排①。此前在 2021 年 5 月出台的《中共中央　国务院关于支持浙江高质量发展建设共同富裕示范区的意见》明确了将慈善事业、第三次分配与共同富裕结合起来，指出要健全回报社会的激励机制，充分发挥第三次分配作用，发展慈善事业，完善有利于慈善组织持续健康发展的体制机制。

企业开展公益慈善的方式有多个维度：（1）依靠捐钱捐物进行筹款筹资的传统单一公益捐赠形式；（2）基于现代公益基金会组织开展资产保值增值的可持续运作形式；（3）借助公益创投构建新型公益伙伴关系，实现技术、资金、生态全方位赋能的慈善投资形式；（4）通过商业

---

① 2021 年 8 月中央财经委员会第十次会议及 2021 年 10 月习近平总书记重要文章《扎实推动共同富裕》均提出，要在高质量发展中促进共同富裕，正确处理效率和公平的关系，构建初次分配、再分配、三次分配协调配套的基础性制度安排。

运作手段解决具体社会问题而成立的社会企业、共益企业形式。

企业参与公益慈善事业重点建设方向（见表 3-9）包括：（1）助力慈善组织自身透明度及可持续运作，以数字化提升"互联网+"服务能力；（2）扩宽社会资金来源渠道，构建多元化投入机制；（3）助力公益性社会机构提升服务供给能力，与政府购买服务形成良性互动；（4）强化"公益+科技+金融+商业"综合运作新模式，在互联网慈善、慈善信托应用上持续创新。

表 3-9　社会价值投资助力"公益慈善"重点方向

时间	政策	分类	政策内容	重点方向
2021 年 10 月	民政部印发《"十四五"社会组织发展规划》	资本流向	完善投入机制	引导社会资金参与社会组织发展项目，形成多元化投入机制
		金融需求	—	—
		资源投入	健全组织体系；发挥积极作用	（1）提高慈善组织在社会组织中的比例，提升慈善组织透明度，加快数字化能力建设、提升"互联网+"服务水平；（2）聚焦特殊群体，参与养老、育幼、助残等公益事业
2022 年 1 月	国家发展改革委等部门联合印发《"十四五"公共服务规划》	资本流向	—	—
		金融需求	—	—
		资源投入	基本公共服务；非基本公共服务；文化短板；社会组织；城乡区域协调	（1）政府主导，公益性社会机构补充供给。（2）政府支持公益性社会机构增加服务供给。（3）强化数字文化服务和流动文化服务，实施戏曲公益性演出项目。（4）扩大政府购买服务，对公益慈善等领域的公共服务项目，同等条件下优先向社会组织购买。大力发展慈善组织。（5）鼓励社会力量兴办农村公益事业

续表

时间	政策	分类	政策内容	重点方向
2021年5月	民政部、国家发展改革委联合印发《"十四五"民政事业发展规划》	资本流向	民政资金保障	扩展民政事业资金来源渠道，广泛吸引各类社会资金投入
		金融需求	促进慈善事业发展	发展慈善信托
		资源投入	促进慈善事业发展；儿童、妇女关爱；缩小城乡社区服务	(1) 发挥慈善在第三次分配中的重要作用，慈善信托等新制度为社会力量参与慈善事业开辟新途径，鼓励和支持慈善力量积极参与重大国家战略实施，鼓励慈善组织和慈善信托发展，鼓励民营企业积极参与社会公益和慈善事业，激励互联网慈善模式创新、业态创新、管理创新、技术创新；(2) 积极引导社会力量参与，打造一批具有社会影响力的农村留守儿童关爱服务慈善项目；(3) 推动城市公共服务资源和慈善、社会工作资源向农村延伸

资料来源：编者整理。

新时代公益慈善事业具有市场化、组织化、专业化的特征。公益慈善机构在市场环境中发挥传统公益机构的作用，同时在管理模式和资金运作上借以商业化能力保障组织目标及生态伙伴的发展可持续。

公益与商业的合理有效结合有助于推动组织更具创造力与活力，对"政府失灵"实现拾遗补缺，对"市场失灵"实现价值再造。围绕"公益＋科技＋金融＋商业"创新模式，探索社会价值投资更高效应用。

三、协同生态

在提供公共服务，解决社会问题的过程中可能面临市场、政府及社会部门"三重失灵"的情况，而社会价值投资实践为突破这一困境提供了实施路径。社会价值投资以创造社会价值为目标导向，通过建立多元主体互促互补的合作关系，发挥各自优势禀赋，保障关键要素供给，最终形成社会价值投资的协同生态。

（一）社会价值投资凝聚多方力量

1."失灵"困境如何形成

在社会中，市场、政府和社会部门在提供产品与服务、解决社会和环境问题等方面存在各自的优势，但也存在各自效率边界和力不能及的地方，存在"失灵"现象，这将导致某些产品和服务的供给上存在薄弱环节甚至空白区。

市场失灵。市场在现代经济体系的资源配置中起到决定性作用。但是，由于存在外部性、信息不对称、交易成本高和垄断等因素，市场机制下的资源配置也难以实现最优化，导致一些社会需要的产品和服务难以充分供应，致使社会福利的损失。

政府失灵。市场失灵的存在，为政府干预资源的配置提供了依据，政府可以从社会福利的最大需求出发，提供在市场经济条件下容易短缺的产品和服务，加强监管，界定和维护产权等。但是，即便有政府干预，同样可能面临难以完全满足社会对公共物品的需求，或者公共物品提供效率低下等"失灵"问题。有学者指出，一些政府部门出现失灵的原因可能涉及干预边界的约束、委托代理效率低、信息不对称等。在干预边界约束上，政府的"有形之手"的作用范围遵循权力、职责、效率和能力等客观边界的约束，因此在一些社会领域会出现干预的空白。在委托代理上，民众和政府间、上下级政府间都存在"委托—代理"关系，而委托代理制下，代理人和委托人之间可能因目标不一致而导致后者的意愿不一定能实现，甚至出现寻租的情况。此外，政府有时会面临社会需求渠道不畅、资源调度不良的问题，造成政民之间信息低效传递。

社会部门失灵。社会部门参与公益性服务和产品的供应，其机制有别于市场和政府。当出现市场失灵或者政府失灵时，社会部门可以发挥一定的补充作用。然而，社会部门也有着自身的局限性，同样有失灵的可能，具体体现在组织动员、资源整合、专业能力等方面。在组织动员方面，由于公益组织、社会团体等难以保证固定的收入，进行持续的组织动员能力就容易出现危机。在资源整合上，非营利特性决定了社会部门对外部，包括资金、物资、关系网络、知识技能等资源，存在较强的依赖性。尤其是一些缺乏相关背景或禀赋的组织，更难以有效地整合资源、实现运营服务目标。在专业能力上，很多社会部门成员的专业素养和组织运行的专业水平上仍有提升空间。

2.社会价值投资实践如何应对失灵情况

社会价值投资借助市场的手段促进政府和社会部门担当使命，在提供公共服务、解决社会问题等方面发挥积极作用。社会价值投资实践注重多方合作机制的建立，打破政府、市场、社会部门单方行动的藩篱，通过整合三方在资金、信息、人才、技术和平台等方面的优势资源，弥补各自在单独解决社会及环境问题时遇到的短板，从而应对潜在的失灵困境。

在资金支持上，社会价值投资可以调动社会资本，补足财政约束下政府在实现治理目标时面临的资金缺口；向市场注入具有社会价值偏好的特殊资金，化解外部性机制导致的"搭便车"问题；为社会部门提供资金支持，帮助其改善运营状况和招纳人才。

在合作机制上，社会价值投资联结政府、市场和社会部门三大主体，以解决社会问题、创造社会价值为导向，建立常态化的协同合作关系，以此整合多方资源、发挥"长板"优势，提升政府治理的能力，超越市场机制的局限，提升社会部门运作效率。社会价值投资中对社会价值进行统一、有效的衡量（尤其关注货币化），使其更易与市场交易的逻辑和现代财政制度有机融合。

在其他要素保障上，社会价值投资集结各领域专家以及技术、管理等方面的人才，成立以解决社会重大问题为导向的专业团队，建立三方供需对接平台促进信息共享，有利于协同突破技术难题，形成可操作可落地的问题解决方案，并为支持性政策的出台提供针对性意见与建议，助力社会问题解决和社会价值创造。

（二）多方协同共创社会价值投资生态

目前，我国社会价值投资处于起步发展阶段，以资金供需两端为核心、第三方为支撑的多元化主体协同的社会价值投资生态正在逐步形成。生态的构成主要包含行为主体和支持性环境两方面。行为主体包括投资者（供给侧）、投资对象（需求侧）和第三方服务机构等，支持性环境涉及政策体系、监管制度、财税体制以及金融市场等要素（见图 3-3）。

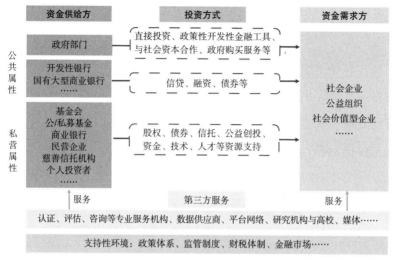

图 3-3　中国社会价值投资实践生态图

资料来源：编者整理。

1. 资金供给方

从社会价值投资的资金供给来看，主要来自公共部门和私营部门，公共部门通常包括政府部门和国有银行等，私营部门则包括基金会、公募基金、私募基金、商业银行、民营企业、慈善信托机构与个人投资者等。

政府、基金会和银行是资金供给的主力军。政府发挥着政策制定与投资方向引导的作用，通过直接投资、运用政策性开发性金融工具、与社会资本合作（PPP）或政府购买服务等形式提供资金支持。基金会在社会价值投资中扮演着先锋者的角色。自 2004 年《基金会管理条例》颁布以来，我国基金会数量不断增长，友成企业家扶贫基金会、南都公益基金会、北京乐平公益基金会等在社会价值投资领域持续深耕，资助、培育了众多社会组织和社会企业。此外，政策性银行和各类商业性银行借助信贷、融资等方式在基础设施建设、乡村振兴、生态改善等方面予以不断支持，为推动社会价值投资的实践发挥了积极的金融引导作用。

社会价值投资主体类别趋向多元化。私募股权投资基金的参与逐渐增多，从青云创投、禹闳资本到绿动资本、世纪长河，私募股权投资机构纷纷将创造社会价值的理念纳入企业投资理念。公募基金也更多地推出养老、节能环保、乡村振兴等主题基金。据万得数据统计，2021年公募基金公司发行的绿色投资相关主题基金超 50 只，远超往年发行数。此外，慈善信托机构作为新兴投资主体，截至 2022 年末，慈善信托累计备案数量达 1184 单，累计备案规模达 51.66 亿元。①

2. 资金需求方

资金需求方特指供应社会公共服务和产品、解决社会问题、创造社会价值的各类主体，包括社会企业、公益组织、社会价值型企业等。② 它们将资金用于解决相关领域的社会问题，提供增进社会福祉的产品和服务，创造社会价值。

社会企业。社会企业的概念尚无统一定义，但"以满足社会需求为首要目标，聚焦商业化手段解决社会问题"的宗旨是一致的。狭义上看，社会企业特指经社会企业认定机构认定的企业或非营利组织，这类机构以增进社会福祉为出发点和落脚点，将经营所得再次投入社会。譬如，经社会企业认定平台（China Social Enterprise Certification Center, CSECC）认定的中国金牌社会企业——诚信诺科技，肩负"让清洁能源人人可负担"的企业使命，致力于以物美价廉的太阳能照明产品改善

---

① 数据来自中国慈善联合会与中国信托业协会联合发布的《2022 年中国慈善信托发展报告》。

② 在社会价值投资生态体系中参与主体的角色并不是固定不变的，处于不同阶段的参与主体往往发挥着不同的功能。

金字塔底层的极端贫困人口生活品质。13年间，诚信诺科技累计为非洲极端贫困家庭提供太阳能发电5650万度，为地球减少505万吨二氧化碳排放。

公益组织。公益组织的价值传导正在从传统的直接救济转化为更多元化的资助形式，如为弱势群体提供就业机会，培养职业技能，支持弱势群体创业，创建社区公益网络等，通过技术创新实现扶助精准化和规模化。

社会价值型企业。这类企业是指将社会价值创造的使命深度融入企业组织文化和发展战略中的商业企业，从而实现社会价值与商业效益的统筹。它们和社会企业的区别在于，社会价值型企业在大多数情形下的首要目标依然需要实现经济效益，但企业价值观和运营过程中更加注重同步追求实现良好的社会和环境效益。譬如，太阳能科技公司隆基绿能专注于"绿电＋绿氢"的产品和解决方案，在经营过程中，将SDGs融入企业业务，同时企业加入相关的气候组织倡议和科学碳目标倡议（Science Based Targets initiative，SBTi），以清洁能源产品和服务的供给推动可持续发展。

3.第三方服务机构

第三方服务机构主要提供标准制定、投资评估、数据支撑等专业服务，以及平台搭建、学研培养、媒体传播等附加服务，为社会价值投资充分发挥其效能，实现完整投资闭环提供必要支持。

专业服务

近年来，国内关于社会价值投资发展的第三方专业机构迅速涌现，提供包括但不限于投资主体身份认证、投资行为标准制定、投资结果评估体系、数据库搭建等服务。在身份认证上，社会企业认定平台（CSECC）、社企星球的"三三制社会企业"认证体系专注于对社会企业身份的认定。在投资评价上，友成基金会和社会价值投资联盟(深圳)共同开发的"三A三力"评估模型，聚焦于目标（价值选择）、方法（价值创造过程）和结果（价值呈现）等投资决策全流程的评估。在机构评级上，社会价值投资联盟（深圳）、商道融绿、中央财经大学绿色金融国际研究院、妙盈科技、鼎力公司治理等机构发展了各具方法论特色的评价标准体系，帮助全球投资机构更好地了解目标企业的可持续发展水平。在数据供应领域，万得、中证指数、华证指数、微众银行等机构为投资者开展社会价值投资提供数据基础。

平台搭建

第三方服务机构聚焦各类平台的搭建，为社会价值投资行为主体提供交流对接合作场景。平台定位功能各有侧重，共同为打造社会价值投资生态发挥了桥梁和纽带作用。公益孵化平台方面，恩派公益在国内首创"公益孵化器"模式，建立了公益孵化平台，目前已孵化超过1000家社会组织及社会企业。倡导传播平台方面，中国影响力投资网络（China Impact Investing Network, CIIN）则重视在社会倡导、生态建设等方面搭建平台，促进国内外相关方之间的交流合作。数据开放平台方面，社会价值投资联盟（深圳）研发推出针对中国本土上市公司的社会价值量化评估体系，并坚持发布年度A股上市公司可持续发展价值评估报告，建立了投资者和投资标的数据信息开放平台。

学研培养

高校、研究院所等主体通过课程设置、学术研究、成果应用、人才培养等多种途径广泛参与社会价值投资的发展与应用。上海财经大学等高校成立了与社会创业和社会投资相关的研究中心，设置了"社会创业"等相关课程，将理论研究与实践探索有机融合，基于案例分析，推动相关内容发展及专业人才培养。《中国社会价值投资报告》《可持续发展梦想照进现实：影响力投资共识、生态与中国道路》等报告围绕社会价值投资的整体发展，对社会价值投资发展现状、创新实践及未来展望进行分析，启发国内多元主体开展实质性投资实践，探索社会价值投资中国之路。中央财经大学绿色金融国际研究院等研究院所在绿色金融领域的理论研究和实践创新，为业界社会价值投资实践提供理论支持。

媒体传播

主流媒体在引导社会价值创新创造及推动相关领域投资中发挥着教育、传播的作用。通过开通社会价值投资主题专栏，发布全球趋势、政策导向、行业动态、投资机会及专家评论等相关资讯，鼓励市场关注和参与社会价值投资这一全球趋势和市场改革创新重要方向。目前已有数十家媒体开设 ESG 栏目，如新浪财经的"ESG 评级中心"、财新的"ESG 专栏"、金融界的"ESG 研究中心"以及社会价值投资联盟（深圳）的"前沿资讯"等；"中国企业社会责任榜""社创之星""向光奖"等评选活动每年对作出卓越贡献的社会企业家、社会企业、影响力投资机构等给予嘉奖。

4. 支持性环境

支持性环境是指开展社会价值投资所需的法律、监管和经济条件。在国内社会价值投资生态体系中，由政策体系、监管制度、财税体制、金融市场等要素构成的综合支持性环境是确保投资导向正确、规范合法、高效平稳的必要保障。这包括对社会价值投资生态中各主体的明确定义、以任务为导向的企业财政税收激励措施、有利于投资决策的完备信息披露机制以及包容开放的创新空间等，这些都是推动社会价值投资发展的重要决定因素。目前，社会价值投资的理念在国内尚未被广泛传播，实践尚未规模化展开，有效的政策引导将是更好发挥社会资本力量的关键助推剂。

　　我国为扎实推进可持续发展进行了一系列自上而下的部署，为社会价值投资的开展提供了有利的政策环境和广阔的市场空间。顶层设计方面，2020年，党的十九届五中全会明确提出，到2035年，全体人民共同富裕取得更为明显的实质性进展。专项政策方面，中央政府层面根据国家发展战略，针对环境、社会和治理等方面发布国家级政策文件，地方政府层面陆续推出响应发展目标、适应区域的支持性政策。未来，在国家战略规划引导、多元社会主体参与、资源要素保障、体制机制完善的良好共治生态下，不断探索具有我国自身特色的社会价值投资方法与路径，中国的社会价值投资必将在服务和支持国家可持续发展战略上发挥更大作用。

> **❯ 专家观点**
>
> ### 数字企业如何更好地实现可持续的社会价值创新？

　　在数字经济助力实体经济快速发展的大背景下，数字企业在创造商业价值的同时，创造并发展社会价值也是必然趋势。数字型企业该如何实现可持续的社会价值创新？如何更好地探索中国特色社会价值投资的创新发展？

　　(1) 香港中文大学（深圳）经管学院执行院长、校长讲座教授张博辉：

　　关于"社会价值"，为什么不叫社会责任？社会价值和社会责任的差异是什么？

　　对于一家公司来讲，不管是上市的还是非上市的，对于社会方面的投资通常被认为是成本或消耗，在资产负债表层面会将其视为一种消费。

　　如果把时间维度拉长，把考虑的范围加宽，会发现之前在社会上的这些投资（成本）助力企业的长期发展，有一系列的学术文献为此提供全面的学术支持。这些学术支持告诉我们，如果企业对员工更好，对客户更好，对整个社会周边的居民更好，或者对整个区域更好，那么对企业价值的长期增长具有助力的效果，这是社会维度。

在环境维度，我们提倡减碳、降低能源的消耗，这会不会对公司的成本产生直接影响？如果把维度拉长，会发现从长远的角度来看，这有助于降低一系列环境变化给企业带来的不确定性风险。因此，如果企业现在选择生态保护，选择进行相关社会价值投资，恰恰可以提升企业将来的价值增长。

总结来看，社会价值投资不是一种责任，投资于社会资产，从长远的角度出发，会有一个长期的回报。这种回报是来自社会资产的长期回报，也就是社会价值的体现。

为什么社会价值需要和创新联系在一起？

在经典的经济学模型方面，经常讨论的就是索罗模型。索罗模型助力经济增长无外乎两个主要要素，一个是资本，一个是人，即劳动力。后来研究发现，无论资本还是劳动力，不可能无止境地助力经济增长，一定是有边际的，有可能降低为零，甚至变成负数。

如何和可持续增长联系到一起？我们就会联想到一个曾获得诺贝尔奖模型——罗默模型。它介绍的是知识的创新，通过知识的创新来提高生产要素，使增长有可能是无限的。资源使用效率的提升、资源挖掘在时间维度上的增加，有可能是无限量的增加，因为人创新的方式是无穷无尽的。因此在这个维度上，如果希望实现社会价值的可持续增长，需要做什么？需要创新，因为现有的技术、现有的资源没办法解决环境问题，没办法使每个人的资源更大维度地提升，这也说明为什么创新非常重要。

数字企业和创新，尤其是在可持续增长的创新维度上有什么联系？

对于数字型企业，第一个层面是资金。一个探索案例来自格莱珉银行做的一个实验平台，这个实验平台是将资金和创业结合在一起，联合法国一家食品公司和日本一家服装制造企业，共同探讨如何助力孟加拉国当地人生活水平的提高，助力社会的可持续发展和社会价值的提升。要完成创新，充足的资本支持是重要的第一层面的要素。第二个层面是技术，涉及两个方面：一是狭义的基础应用技术，如数据积累与分析能力；二是技术新模式，助力可持续发展。第三个层面是理念和意识，或更高维度的信任。企业需要满足客户的需求，满足市场的需求。但在经营过程中，企业有没有可能做一些引领客户去改变其价值观的事情？比如从问题需求侧出发，投资一些有助于社会价值提升和可持续发展维度上的内容。

（2）北京大学汇丰商学院任颋副院长：

企业参与可持续社会价值创新，从企业的角度可以考察两个方面，一个是动机，一个是文化。举例来说，2016年国务院颁布了《"十三五"脱贫攻坚规划》，同年证监会发布了《中国证监会关于发挥资本市场作用服务国家脱贫攻坚战略的意见》，上交所发布了《关于进一步完善上市公司扶贫工作信息披露的通知》，深交所发布了《关于做好上市公司扶贫工作信息披露的通知》，这些政策旨在鼓励上市公司参与精准扶贫，这是当时的政策背景。

从学术的角度来看，我们把上市公司参与精准扶贫与否作了一个类似差分方程的比较分析。分析发现，上市公司参与精准扶贫对经营绩效的提升是非常明显的，这意味着企业对于社会价值的投入不应仅仅把它放在成本一端。参与精准扶贫和贫困地区脱贫，对于提升企业自身绩效是有正向效果的，体现企业利益和社会福利的高度一致性。

　　具体而言，我们的一项研究重点考察了上述的绩效提升可以通过哪些机制产生。研究发现，这种绩效的提升作用主要是通过提高企业声誉、提升投资效率、缓解融资约束、增强信息透明度等机制产生的。特别是对于民营上市公司来说，在其参与的产业发展脱贫项目类型与上市公司的经营范围相匹配的情况下，企业绩效的提升影响更为明显，也就是说，企业参与社会价值创造的动机会对达成的绩效目标产生重要的影响。因此，企业积极参与精准扶贫，有助于实现帮助贫困地区脱贫与提升自身经营绩效的双赢结果。

　　在另一项研究中，我们在同样的场景下考察实施员工持股计划的上市公司，发现这类企业对精准扶贫的参与程度更深，其机制在于实施员工持股计划的公司可能会更加关注共同富裕目标的实现，进而更加深入地参与精准扶贫。总体上，这反映了企业文化里的共享内涵，包括和员工共享企业长期发展收益的文化。在这样的氛围中，企业文化本身对社会价值创造会产生比较积极的影响。

　　从这两项研究出发，数字企业、科技企业本身在社会责任动机与共享企业文化方面是具有先天基因的。数字化企业本身就是一种共享，随着数字化应用向社会的普及，这种文化上的先天基因也会逐渐渗透，因此，企业在更好地推动可持续社会价值创新方面也必将发挥更大的作用。

　　(3) 腾讯可持续社会价值事业部可持续金融探索专家刘力：

　　科技创新和社会创新可以看作是推动社会变化发展的引擎，科技创新重点关注基础突破性问题，为社会创造增量，社会创新则侧重于解决社会痛点，激活存量。两者的有机互动与融合，为可持续发展的创新带来更多可能性。

　　科技企业在这方面具有独特优势，比如，腾讯 SSV 成立众多实验室，依靠科研能力构建技术工具体系，进而响应数字技术用于文物保护等需求。技术在不同社会场景中的应用打开了创新的边界，同时反哺促进技术的迭代升级。借助腾讯相对成熟的产品能力，针对具体社会议题，适应匹配新的社会场景，服务新的需求对象，在拓宽现有产品边界的同时不断激发创新能力。

对于可持续社会价值创新，可以从三个方面理解。

首先，社会价值不应该割裂于商业价值，而是两者的深度耦合；其次，社会创新不是简单的公益慈善，而是企业真正融入社会发展的升级；最后，在当前中国的语境下，可持续社会价值创新应该是共同富裕目标的方法论之一。

关于第三点，在中国探讨社会创新和可持续社会价值，目前更多落在对弱势群体的帮扶、乡村振兴以及环境治理等方面。事实上，SSV的相当一部分工作也是围绕这些展开的，同时依托平台的优势发挥连接器作用。

在目前我国社会的三个部门中，第三部门本应发挥主体作用，与政府、市场合作，共同推进社会治理与创新发展；但受到一些现实约束，大部分社会组织的定位出现偏差，本来应该是把公益资金有效管理起来去发挥更高效用，结果去做一些执行层面的事情，导致很多项目没有持续性，这一方面是因为我国对慈善公益存在误解，认为慈善公益就应该是免费的，让本来也是经济部门的公益部门失能，周转不起来；另一方面是因为制度和认知滞后，社会组织的风险偏好极低、专业能力较弱，资金也薄弱，导致社会组织不敢进行主动管理。目前，在全国9200多家基金会里，只有为数不多的数十家有这方面的认知和实践。

腾讯公益平台经过多年的发展，已经成为众多公益组织募资的平台，在连接众多公益组织的同时，腾讯也在思考是否可以通过一些创新模式的探索形成样板、进行相关倡导；同时融合我们内部已经沉淀下来的数字化能力，形成解决方案，输出赋能那些公益组织，提升整体透明度和运作效能、联动社会资源，促进整个行业的升级换代，恢复第三部门的动能，助力可持续性社会价值创造。国外公益领域的资产规模和保险的资产规模是相当大的，甚至是万亿元级别的。

关于第二点，从数字企业自身的角度来看，除了自身及生态企业把ESG融入企业战略发展以外，在资本市场上，ESG提供的相关指标信号也越来越具有指导意义。我们也看到，国务院国资委已经新设了社会责任局，对央企国企ESG披露的援引法规等均处在快速发展和完善的阶段。此外，数字化平台、科技赋能所产生的经济价值大家都有目共睹，而社会价值正是数字化平台所搭建的基础设施支撑了多领域的普惠发展。这两种价值的结合，正是十几年来中国经济社会和相关企业得到长足发展的写照。只有这样的良性互动，才能奠定可持续社会价值创新的基础。

关于可持续社会价值创新中的社会价值与商业价值的融合，我个人倾向于将社会问题从市场需求的角度来看，提供好的产品和服务是商业与公益的共同点；将能够有效解决社会问题的好公益像商业一样进行规模化正是社会创新的价值所在。从这一点来看，社会企业和非营利性企业相比，虽然都是以社会责任为先，但社会企业往往通过运营实现财务的可持续，将商业目标、财务目标、公益目标有机融为一体。

可持续性本身需要利用商业模式来解决，而商业模式不可避免要运用金融工具。目前，我们也在作相应的探索，通过合理架构的设计，以公益资金连接产业方和金融资源，发挥连接器的作用把圆形拼图拼齐，让商业诉求和社会价值得到统一。实现这样的可持续性，腾讯也会运用自己的科技能力，将信息流和资金流端到端打通，提升整体的安全性，并以此为基础形成样板应用。

（4）腾讯研究院乡村振兴专家李孜：

在数字时代是否需要重新理解"社会价值"？

从数字企业的角度思考有三个层面：第一是内部生态，如何在内部形成共识，特别是在社会价值方面；第二是用户，如何同用户达成共识；第三是政策，针对国家战略或地方政策，如何更好落实。这里最重要的是发现现象、理解现象、分析现象和解释现象。

从县域乡村发展的角度来看，创造社会价值对中小企业发展和推动共同富裕是比较重要的。如今，诸多"能人"返回家乡发展趋势明显，将自己在大城市的见闻和经验应用在县、乡发展之中，主动创造就业、创新发展生态。比如，浙江诸多农业数字化平台企业，以县域为中心，链接村里产品端与城市消费端，盘活供应链，推动县域乡村数字化转型发展。

在四川、重庆等地，政府具有很强的数字化治理驱动力，将公共服务和政府政务进行专业化数字管理的需求强烈，这和以往建立数据库的简单需求有所不同，更多的是对新的数字化公共服务治理体系的构建。通过数字化工具和能力不断弥补城乡公共服务基础设施不足的问题，填补数字治理鸿沟，推动在线城镇化发展。

在线城镇化发展需要数字服务，数字服务可以服务一、二、三产业，作为工具和催化剂，推动形成新的创新。数字服务在城乡之间流动的关键在于打通"四个流"，首先是"资金流"，不仅体现在资金直接进入乡镇，还体现在数字化支付工具对于县域乡镇整体供应链的优化；其次，"信息流"和"技术流"所带来的文化和生态促进效应逐渐显现，包括带货直播、数字化遗产保护、非遗保护等，为城乡流动和生态发展提供了活力；最后，"物流"连通县、镇、村，数字化力量接入可以有效盘活物流体系。"四个流"在乡村领域的应用大有空间，也一定会产生社会价值，而社会价值背后是实实在在的经济模式或商业模式。

第 四 章

未来探索：中国本土化"双价融合"新思路

中国特色社会主义市场经济、公平的社会保障与和谐的生态系统是共同富裕的具体体现，是我国现发展阶段有别于西方的发展目标。共同富裕战略目标的提出，为我国社会价值投资的发展提供了广阔的市场空间。但由于发展时间较短、市场条件不成熟、参与主体不够多元和充分等原因，更需因地制宜地探索社会价值投资的本土化创新与实践路径，同时学习、借鉴西方经验。

——编者

当今世界存在较多不稳定性和不确定性，地区热点此起彼伏，恐怖主义、网络安全、重大传染性疾病、气候变化等都在威胁人类的安全、健康和发展，人们重新认识到可持续发展的迫切性与重要性。面对新挑战，政府、市场和社会应多方协力，探索建立新的社会治理模式与机制，规避"三重失灵"可能带来的经济社会发展停滞甚至倒退的风险。

近十几年来，社会价值投资理念在全球广泛传播，在实践应用中不断整合投资界、公益界和公共服务部门的优势资源，联合各方力量，应对各类区域性和全球性危机与挑战，为推动实现 SDGs 探索了新的解决方案。

当前，世界百年未有之大变局加速演进，新一轮科技革命和产业变革深入发展，国际力量对比深刻调整，我国发展面临新的战略机遇。社会价值拥有广阔的市场空间。但由于发展时间较短、市场环境不成熟、参与主体不够多元和充分等原因，中国社会价值投资的发展路径注定将与欧美国家不同，在未来实践中也将面临诸多新的挑战。这要求中国广泛借鉴国际先进经验，立足本土化创新实践，走出一条符合中国自身发展特色的可持续之路，为全球可持续事业的发展开拓新思路、提供新动能、作出新贡献。

社会价值投资及相关理念在中国逐步推行后，得到了政府主管部门的关注和一些市场主体及社会组织的认可，具有中国特色的社会价值投资生态正在逐步形成。基于社会价值投资在国内的发展历程及现状，结合国际先行实践的有益经验，本节提出若干思考与展望（见图 4-1）。

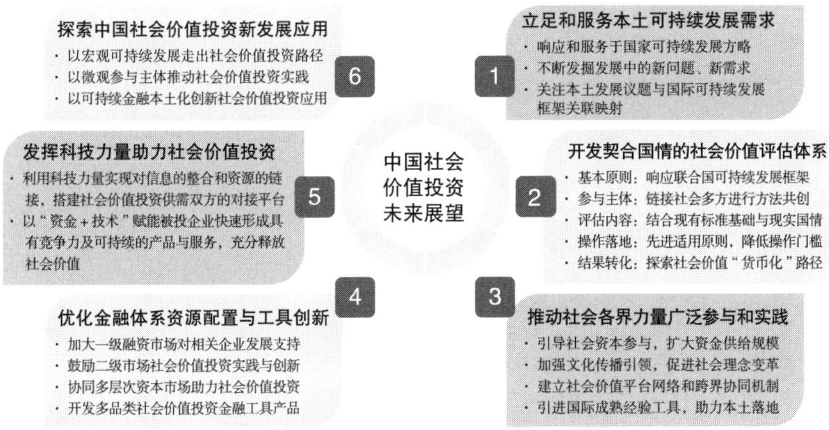

探索中国社会价值投资新发展应用
· 以宏观可持续发展走出社会价值投资路径
· 以微观参与主体推动社会价值投资实践
· 以可持续金融本土化创新社会价值投资应用
6

立足和服务本土可持续发展需求
· 响应和服务于国家可持续发展方略
· 不断发掘发展中的新问题、新需求
· 关注本土发展议题与国际可持续发展框架关联映射
1

发挥科技力量助力社会价值投资
· 利用科技力量实现对信息的整合和资源的链接，搭建社会价值投资供需双方的对接平台
· 以"资金＋技术"赋能被投企业快速形成具有竞争力及可持续的产品与服务，充分释放社会价值
5

中国社会价值投资未来展望

开发契合国情的社会价值评估体系
· 基本原则：响应联合国可持续发展框架
· 参与主体：链接社会多方进行方法共创
· 评估内容：结合现有标准基础与现实国情
· 操作落地：先进适用原则，降低操作门槛
· 结果转化：探索社会价值"货币化"路径
2

优化金融体系资源配置与工具创新
· 加大一级融资市场对相关企业发展支持
· 鼓励二级市场社会价值投资实践与创新
· 协同多层次资本市场助力社会价值投资
· 开发多品类社会价值投资金融工具产品
4

推动社会各界力量广泛参与和实践
· 引导社会资本参与，扩大资金供给规模
· 加强文化传播引领，促进社会理念变革
· 建立社会价值平台网络和跨界协同机制
· 引进国际成熟经验工具，助力本土落地
3

图 4-1　中国社会价值投资未来展望

资料来源：编者整理。

一、立足和服务本土可持续发展需求

社会价值投资是一种推动资本力量解决社会和环境问题、助力实现可持续发展的创新路径。然而，不同国家和地区在经济、政治、社会、环境等方面的发展水平有别，具备的市场资源禀赋和需要应对的发展问题也各异。国际上社会价值投资的实践者在积极响应全球共识性发展议题的同时，也时刻紧扣当地最核心的发展难题。这一规律，对我国明确社会价值投资的发展目标和方向具有借鉴意义。

第一，社会价值投资应积极响应和服务于国家新发展理念。我国经济结构转型有巨大空间，同时面临的问题非常复杂、任务也非常艰巨，区域发展不平衡的问题仍然突出，实现"双碳"目标的任务依然紧迫。国家"十四五"规划中，对经济社会发展的系统性部署为市场开展社会价值投资实践提供了指引（见第三章分析）。将社会价值投资的方法应用于本土可持续发展的"刚需"和"痛点"中，有利于实现资源协同配置、提升投资综合效能，同时可以更好地推动政府引导和市场驱动相互"借力"，共同促进社会发展目标有效达成。

第二，社会价值投资实践应不断发掘发展中的新问题和新需求。社会价值投资需要规避对可持续发展议题机械教条的解读，而采取一种灵活实用的方法。在社会发展的进程中，势必会出现新的发展矛盾，它们也将成为新的社会价值需求和投资方向。

第三，社会价值投资实践应注重本土发展议题与国际可持续发展框架的映射关联。强调社会价值投资的本土化，绝不是片面鼓吹"中国特殊论"，也并非放弃建立国际共同标准和通用语言。比如，中欧共同推出《可持续金融共同分类目录》，形成两大经济体之间通用的绿色分类标准，这是一次意义深远的创新实践。此类共识性标准的形成，能够极大地畅通跨国开展可持续发展投融资活动的渠道，吸引更多国际资本助力中国的可持续发展进程。

二、开发契合国情的社会价值评估体系

开展社会价值评估是社会价值投资实践的重要组成部分，研发契合国情的社会价值评估体系则是实现我国社会价值投资生态健康长远发展的关键要素。社会价值评估体系的开发应用一方面有助于社会价值投资者提升投资决策质量和效率，另一方面可以协助市场防范和化解影响力清洗（impact washing）的道德风险，吸引更多投资者的参与。

目前，我国在引进国际评估体系、开发本土化标准方面仍处于起步阶段。虽然国内已经出现社会价值投资的"星星之火"，但仅有少量第三方机构对投资的社会价值进行评估和披露，国外"IRIS+"、IMM等公共品性质的、具有权威影响力的社会价值评估标准尚未在国内形成本土的体系化应用。

　　为实现社会价值投资在我国的扎实落地，推动"资本向善"发挥更大社会效能，加快开发契合国情的社会价值评估体系刻不容缓。社会价值评估体系的构建可以参考以下五个方面。

　　在基本原则上，社会价值投资评估体系应尽可能响应全球可持续发展相关框架（如 SDGs 等），同时"不另起炉灶"、发挥"后发优势"，充分吸收、借鉴、转化国际现有评价标准的成果与经验。在参与主体上，由于可持续发展是一个需要社会各方共同参与并达成共识的公共事业，所以社会价值评估体系的构建也有必要打破部门边界、群体区隔和专业藩篱，充分吸纳多方智慧与利益诉求，为社会价值评估体系的建设打下"程序民主"的坚实基础。在评估内容上，中国社会价值评估体系的开发应当充分考量国情、民情和企情，剔除国际主流标准中不适用我国的部分，增加反映我国政策关切、社会关注、市场关心的议题和维度。在操作落地上，需要考虑到我国社会价值投资仍处于起步阶段的现实背景，避免因有关标准过于复杂艰深或应用成本过高而抬升社会价值投资的门槛、降低市场参与的积极性。在结果转化上，为了促进社会价值评估的结果以类似财务数据的形式展现，使其能够充分比较并实现价值的量化认定，相关研究应重点关注社会价值"货币化"度量的方法论体系和应用场景。

三、推动社会各界力量广泛参与和实践

　　社会价值投资强调建立多主体携手共益的价值创造生态，建立协同合作伙伴关系可以从引导与赋能两个方面持续推进。

　　在引导方面，一方面，要鼓励和激励社会资本入局，扩大社会价值投资的资金和资源供给。基于我国在绿色金融、普惠金融等领域的实践经验，为社会价值投资提供良好的制度环境与配套激励，助力更多机

构在社会价值投资中达成"义"和"利"的并举、社会价值和股东价值的兼顾。另一方面，社会价值投资本身也需要扩大影响力，推广社会价值投资需要以共同的社会价值观念为支撑。为此，要发挥教育和媒体的文化传播功能，营造资本向善、价值共享的社会氛围，构建更加包容、普惠的商业文明，让社会价值创造的理念融入更多企业的使命目标和经营实践之中，推动一批"纯商业"组织向"混合型"组织转化。

在赋能方面，一是建立平台网络和跨界协同机制，借鉴国际上GIIN、AVPN 等影响力投资和公益创投平台的组织模式，促进社会价值投资参与者协调利益诉求、强化资源整合、实现能力互补。二是加强引进国际上成熟的投资方法工具，强化本土化案例应用，探索构建社会价值投资应用的具体方法。三是加大针对相关专业人才培育的投入。与影响力投资、ESG 投资相对发达的欧美国家相比，我国兼具商业投资能力、公益理念和创新思维的复合型人才颇为稀缺。促进国际交流，学习领先机构的成熟实践经验，加强跨行业跨平台的多方合作，将有助于我国社会价值投资相关专业人才的能力建设。

四、优化金融体系资源配置与工具创新

社会价值投资的发展需要不断优化金融体系资源配置，同时加强金融工具创新能力。

在优化金融体系资源配置方面，一要加大力度支持企业在一级市场的直接融资，为具有明显社会效益或在社会价值创造方面具有特殊贡献的企业提供税收优惠、财政补贴等，改善营商环境，助力其可持续发展。二要鼓励二级市场丰富可持续投资的产品种类和指数类别，支持社保资金、银行存款、保险资金等长线资本参与社会价值投资，同时不断

创新拓展散户资金参与的渠道。三要发挥我国多层次资本市场的协同优势，鼓励处于不同发展阶段、不同领域的上市和挂牌企业探索合理的社会价值投资路径；支持地方性股权交易中心持续创新"社会企业 + 金融"的融合发展模式，探索社会企业公益金融之路。

在金融工具创新方面，对于有意从事社会价值投资的投资机构和个人，开发多元化的金融工具和产品类别，满足其针对不同项目的配置需求。例如，依托慈善信托发挥信托公司在财务管理和资产保值增值方面的专业能力，为高净值人群等参与公益慈善领域的投资活动提供解决方案。需要注意的是，针对金融工具和产品应用的风险防范与合规监管必不可少，做好金融风险防范是确保社会价值投资行稳致远的重要保障。

五、发挥科技力量助力社会价值投资

科技是牵引社会进步的动力引擎，也将成为社会价值创造的有力支撑。挖掘和发挥科技力量在社会价值投资生态中联结、助力和服务的多重作用，对于构建具有中国特色的社会价值投资新路径具有重要意义。

中国人民银行印发的《金融科技发展规划（2022—2025 年)》提出，我国金融科技发展应遵守"数字驱动、智慧为民、绿色低碳、公平普惠"的原则，体现科技向善、金融向善的融合统一，现代信息技术的应用将进一步助力我国社会价值投资的发展，使其更加精准化、规模化、集约化。

从联结的功能来看，充分利用科学技术有助于实现信息整合和资源联结，搭建供需双方的对接平台，广泛汇聚社会价值投资者主体，精准匹配社会发展需求方向，提升资源配置的效率及供需双向的适配度。从助力和服务的功能来看，一般解决社会问题的企业多以轻资产运营为主，通过资金及技术的支持，有助于培育被投企业快速形成更具竞争力及可持续的产品与服务，为风险资本（venture capital）等后续投资机构的引入形成一定的引导力，促进企业不断发展，撬动社会价值充分释放。

六、探索中国社会价值投资发展应用

中国社会价值投资发展应用路径可以围绕宏观发展目标、微观参与主体、本土化创新三个方面展开。

第一，以宏观可持续发展走出社会价值投资路径，既包括对 SDGs 的行动力展示，也包括对国家战略布局的匹配响应。这要求社会价值投资者对外保持引领，利用好"一带一路"绿色可持续投资契机；对内形成本土化样本方案，提升社会价值投资规模化应用能力。

第二，以微观参与主体推动社会价值投资实践。"政府引导 + 社会资本参与"的投融资共创模式将成为主导，这需要大中型企业、社会资本力量、金融机构勇于先行，在组织使命层面形成社会价值创造的驱动力和创新力。在解决社会问题上，驱动力意味着主动性。主动将企业的发展目标、使命责任、产品定位与社会发展所需高度契合，才能充分激发社会价值创造力，去做创新的事。

第三，以可持续金融本土化创新社会价值投资应用。我国在可持续金融领域具有先发优势，政策体系、细分场景、科技能力对可持续金融的广泛应用形成支撑。在金融产品层面，社会价值投资需要与可持续金融创新工具形成联动，强化在社会、经济、环境转型发展中形成突破性解决方案的能力；在金融行为层面，以可持续金融引导资金流向重点发展领域和中西部重点发展区域，通过社会价值投资的方法形成补充、联结，最终协同实现全局发展目标。

责任编辑：曹　春
封面设计：汪　莹

图书在版编目（CIP）数据

价值共创 ：中国社会价值投资探索 ／ 马蔚华，司晓
主编 . -- 北京 ：人民出版社，2025. 3. -- ISBN 978 - 7 - 01 - 027111 - 8

Ⅰ . F832.48

中国国家版本馆 CIP 数据核字第 2025UT2419 号

价值共创

JIAZHI GONGCHUANG

——中国社会价值投资探索

马蔚华　司　晓　主编

人 民 出 版 社 出版发行

（100706　北京市东城区隆福寺街 99 号）

北京汇林印务有限公司印刷　新华书店经销

2025 年 3 月第 1 版　2025 年 3 月北京第 1 次印刷

开本：710 毫米 ×1000 毫米 1/16　印张：11.25

字数：136 千字

ISBN 978 - 7 - 01 - 027111 - 8　定价：58.00 元

邮购地址 100706　北京市东城区隆福寺街 99 号

人民东方图书销售中心　电话（010）65250042　65289539